Couverture inférieure manquante

Académie des Sciences, Belles-Lettres
et Arts de Savoie.

—

RAPPORT

SUR LE

CONCOURS D'HISTOIRE ET D'ARCHÉOLOGIE

PRONONCÉ

dans la séance publique du 1er juillet 1886

PAR

M. L. MORAND

Secrétaire perpétuel.

———

CHAMBÉRY

IMPRIMERIE CHATELAIN, 4, AVENUE DU CHAMP-DE-MARS

—

1886

RAPPORT

SUR LE

CONCOURS D'HISTOIRE ET D'ARCHÉOLOGIE

Académie des Sciences, Belles-Lettres
et Arts de Savoie.

RAPPORT

SUR LE

CONCOURS D'HISTOIRE ET D'ARCHÉOLOGIE

PRONONCÉ

dans la séance publique du 1er juillet 1886

PAR

M. L. MORAND

Secrétaire perpétuel.

CHAMBÉRY

IMPRIMERIE CHATELAIN, 4, AVENUE DU CHAMP-DE-MARS

—

1886

RAPPORT

SUR LE

CONCOURS D'HISTOIRE ET D'ARCHÉOLOGIE

PRONONCÉ

dans la séance publique du 1er juillet 1888

PAR

M. L. MORAND

Secrétaire perpétuel.

MONSEIGNEUR [1],

MESSIEURS,

Avant d'entrer dans l'examen des ouvrages présentés au concours d'histoire et d'archéologie sur lequel vous avez à vous prononcer, nous croyons devoir exposer, au sujet de ce genre de littérature, certaines considérations générales qui, pour être universellement connues, n'ont pas moins ici leur place légitime.

De tout temps, la connaissance des faits qui ont marqué l'existence de l'humanité, a eu le don d'intéresser souverainement les hommes et de susciter de nombreux narra-

[1] Mgr TURINAZ, évêque de Nancy et de Toul, primat de Lorraine.

tours. A l'origine même des sociétés, on les voit déjà prêter une oreille attentive aux chants historiques des poètes.

Aujourd'hui encore, plus que jamais peut-être, la curiosité publique et l'effort des écrivains se sont portés de ce côté. Depuis un siècle, le vent souffle sur le monde en si violente tempête ; les peuples, les lois, les trônes ont tellement roulé sous nos yeux, qu'instinctivement, en face des épreuves présentes et du gouffre ouvert dans l'avenir, on s'est retourné vers les anciens comme vers l'étoile de salut et on a cherché avidement dans leur vie les moyens de guider sûrement la sienne.

Cette importance donnée à l'histoire comporte nécessairement, Messieurs, pour elle un caractère, et chez l'écrivain des devoirs qui ne sauraient être négligés.

Un Savoyard du xvie siècle, en qui se remarquait la singulière habitude, — peu commune aujourd'hui, — d'allier les occupations les plus vulgaires aux occupations les plus élevées, de suivre soigneusement les détails de ses procès et de servir fidèlement son prince, d'inscrire dans son journal, à la suite des dépenses de son ménage, la nomenclature des livres de sa bibliothèque ou ses propres compositions, a fait cet éloge du genre de littérature dont nous parlons : « Par le don admirable que la bonté divine nous a fait des lettres, l'un des plus grands fruits que les hommes d'entendement se peuvent acquérir et pratiquer, c'est le bénéfice de l'histoire. » Puis, Jean de Pyochet — car c'est de lui qu'il s'agit — ajoute : « Par icelle l'on voyage sans frais par toutes les régions de la terre, l'on monte avec espérance jusqu'aux abîmes, l'on cingle par tous les gouffres de la mer sans aucun péril, l'on se trouve sans danger au milieu des batailles, l'on se sauve sans

porte de la main des brigands et l'on y fait toutes négocia-
tions et exercices sans bouger de place. »[1]

Toutefois, disons-le bien vite, ce n'est là que l'expression lyrique des sentiments éprouvés par un *dilettante*
après une lecture émouvante, et non une définition exacte.
Dans sa véritable acception, l'histoire est un exposé fidèle
des événements passés, ayant pour but principal l'instruction des hommes. C'est l'idée que s'en étaient formée les
anciens et qu'ils ont traduite par des monuments impéris-
sables. A leurs yeux, l'histoire est le témoin des temps, la
conseillère et l'institutrice des hommes[2]. « Son principal
avantage, dit Tite-Live, est d'exposer à nos regards, dans
un cadre lumineux, des enseignements de toute nature
qui semblent nous dire : voici ce que tu dois faire dans
ton intérêt et dans celui de ta patrie ; voici ce que tu dois
éviter, car il y a honte à le concevoir, honte à l'accomplir[3].»

En réalité, il ne saurait y avoir de livre historique digne
de ce nom, s'il ne répond à cette double condition. Quelque soit le cadre qu'il comporte, l'humanité entière ou
une seule nation, une seule province ou une seule localité,
un seul fait ou la biographie d'un personnage célèbre,
sa valeur sera proportionnée à l'instruction et à la mora-
lisation qui en ressortiront.

Les devoirs et les soins qui incombent dès lors à tout
historien sont aussi impérieux que multiples. La vérité

---

[1] Jean DE PIOCHET, *Livre de raisons.*

[2] CICÉRON. *De Orat, II, 9. Historia testis temporum, lux veritatis,
vita memoriæ, magistra vitæ, nuntia vetustatis.*

[3] TITE-LIVE. *Hist. præmium. Illud est præcipuè in cognitione
rerum salubre ac frugiferum, omnis te exempli documenta in illustri
posita monumento intueri ; indè tibi tuæque republicæ, quod imitere
capias ; indè fœdum exitu quod vites.*

ingénue et complète étant le fondement de l'histoire, il a d'abord l'obligation stricte de ne jamais se permettre rien de faux, d'avoir le courage de ne taire rien de vrai et de ne laisser entrevoir ni haine ni faveur. En outre, le développement du sujet a des exigences auxquelles on ne saurait se soustraire sans compromettre son travail, comme de faire converger chaque détail au point de vue général, de ramener vivant les peuples et les hommes, de rendre en peintre intelligent la vérité locale et contemporaine, de négliger les minuties ou faits insignifiants qui n'apportent aucune connaissance réelle. Enfin, parce que la composition historique est un travail d'art autant que d'érudition, le soin de la forme et du style n'y est pas moins nécessaire que la recherche et la critique des faits. Il n'est pas vrai, comme on a voulu le dire, que « l'histoire amuse de quelque manière qu'elle soit écrite »[1] ; il n'y a que trop d'ouvrages historiques ennuyeux malgré la richesse du sujet, et dédaignés malgré l'exactitude du fond, uniquement parce que la forme en est négligée. L'ordre et l'arrangement sont la principale perfection de l'histoire. En même temps, l'auteur doit observer, avec la propriété des termes et les règles de la syntaxe, un mouvement doux et soutenu, sans saillies comme sans vide ; la gravité qui exclut la fougue du pamphlétaire ou une parure superflue; la variété qui proportionne la forme à la matière, les expressions aux idées et les couleurs au fond.

Ces réflexions qui nous ont été suggérées par la nature des ouvrages que vous nous avez donné mission d'examiner, ne sont point des hors-d'œuvre, du moins dans notre

---

[1] Pline à Capiton, Lettre V, 8 : *Historia quoquo modo scripta delectat.*

pensée. En vous exposant le caractère distinctif et les qualités essentielles des livres d'histoire, nous avons cru reproduire la pensée même de l'éminent patriote qui a fondé le concours, et lui payer ainsi le meilleur tribut de notre reconnaissance. Ce que le général comte de Loche a voulu surtout, ce n'est pas tant d'inviter à écrire sur notre chère patrie que d'inviter à bien écrire. Il y aura toujours assez de gens mal avisés qui, délaissant leur honorable métier de maçon, chercheront à se parer de la plume d'écrivain ; et, combien y en a-t-il à qui il arrive que leurs ouvrages

> ..... Toujours plus beaux, plus ils sont regardés,
> Soient au bout de vingt ans encor redemandés ?[1]

Certes, la Savoie, malgré quelques tentatives brillantes à la surface, n'a pas encore une histoire complète et vraiment digne de ce nom. Mais, que de diamants superbes exposés par maints orfèvres, que de fleurs charmantes écloses surtout depuis trente ans au souffle générateur de notre regretté confrère ! N'en doutons pas, Messieurs, c'est là l'espérance, et un jour viendra où quelque nouveau Thucydide recueillera, réunira ces travaux pour en composer une œuvre monumentale, qui fera revivre notre bien-aimé pays, avec toutes ses gloires, avec tous ses souvenirs.

De plus, par cet aperçu préalable des règles qui concernent l'art historique, nous avons voulu imiter la sage pratique des tribunaux de faire précéder leurs arrêts de la citation des articles du code qui en sont la base. Les avantages de ce procédé sont évidents : pour nous, la

---

[1] BOILEAU, *Art poétique*, chant, III,

brièveté de notre rapport ; pour vous, Messieurs, la satisfaction de motiver sérieusement votre jugement. Après nous avoir servi de guide dans l'examen, ces règles vous disposeront vous-mêmes à porter un verdict inattaquable sur le mérite intrinsèque et respectif de chacun des remarquables ouvrages qui composent le concours.

Ces ouvrages, dont nous n'avons plus maintenant qu'à vous faire l'analyse, sont au nombre de six.

I

Etude historique et artistique sur les anciennes églises de la Savoie et des rives du lac Léman, par M. l'abbé P.-F. Poncet, archidiacre et vicaire général.

Tel est le titre de la première de ces œuvres qui est venue se présenter à notre examen. L'auteur, M. l'abbé P.-F. Poncet, archidiacre du chapitre et vicaire général de l'évêque d'Annecy, n'est pas un inconnu dans les lettres. Dans le cours de près d'un demi-siècle, il a produit un grand nombre d'écrits, principalement sur les questions d'architecture et de musique.

Son nouveau livre appartient au premier de ces genres de travaux et rentre dans la catégorie des monographies spéciales. On pourrait l'appeler le *vade-mecum* de l'archéologue désireux d'étudier *de visu* les anciens monuments religieux de notre pays, et nous imaginons fort qu'à l'avenir plus d'un *Guide* s'enrichira de ses données au profit des touristes. Après avoir, dans une sorte d'introduction, énuméré d'une manière générale les ordres d'architecture chez les Grecs et les Romains, défini les termes usités pour en désigner les diverses parties, puis déterminé et caractérisé les trois époques universellement admises de l'art chrétien, il décrit enfin les monuments qui se rapportent ou qu'il croit se rapporter à chacune de celles-ci.

La première de ces époques comprend l'unique style latin, soit le roman primitif du IVe au Xe siècle. La seconde renferme deux styles : le romano-bysantin ou roman secondaire, au XIe siècle, et le romano-ogival ou de transition au XIIe siècle. La troisième époque offre enfin les trois styles bien connus : le style ogival primaire ou à lancettes du XIIIe siècle, le style ogival secondaire ou rayonnant du XIVe siècle, et le style ogival tertiaire ou flamboyant du XVe à la moité du XVIe siècle.

Les édifices religieux que l'auteur cite comme remontant à l'époque latine sont au nombre de trois. Ceux qui appartiennent à l'époque romano-bysantine sont au nombre de dix-huit. L'époque ogivale en comprend sept dans sa première période, quatre dans sa seconde et trente-deux dans sa troisième [1].

M. le chanoine Poncet a visité chacun de ces monuments, et, s'il s'est servi quelquefois des descriptions faites précédemment par d'autres auteurs renommés [2], ce n'est que pour compléter des notes qu'il n'avait pu prendre qu'à la hâte. « Avant d'entrer en matière et de parler des églises assez nombreuses qui font l'objet de cette étude, dit-il lui-même dans son introduction, j'éprouve le besoin de faire appel à l'indulgence de mes lecteurs. Je

---

[1] En tout 64.

[2] Tels que BLAVIGNAC, Léon CHARVET, etc.

décrirai, en effet, d'une manière sommaire, et je tâcherai de classer des édifices souvent fort éloignés que je n'ai vus qu'en passant, une fois seulement, il y a bien des années. Pour plusieurs d'entre eux, je n'ai pu prendre que des notes trop hâtées, qu'il me serait impossible de contrôler aujourd'hui d'une manière sérieuse. Il faudrait, pour cela, de nouvelles courses, auxquelles je ne puis songer. J'espère, toutefois, être suffisamment exact pour les monuments d'une certaine importance. Si, pour d'autres, je n'en puis dire autant, j'aurai du moins la satisfaction d'avoir posé des jalons, et d'avoir facilité les travaux de ceux qui, en cultivant les arts, se passionnent avant tout pour la vérité. »[1]

Tout d'abord, il n'est besoin de répéter que cette étude, en attestant la science consommée de l'auteur en pareille matière, est marquée au coin du même talent d'écrivain dont il a fait preuve si souvent ailleurs. Son style est tout à la fois clair, précis et élégant. Quant au fond, nous ferons cependant observer que la crainte qu'ont fait naître dans son esprit, soit la précipitation de quelques-unes de ses visites, soit l'impossibilité de n'avoir pu compléter plus tard ses premières recherches, est malheureusement justifiée pour plusieurs monuments. Nous citerons particulièrement dans ce nombre les églises du Bourget-du-Lac et d'Hautecombe.

« L'église du Bourget, écrit-il, près du lac de ce nom, ancien prieuré de l'ordre de Cîteaux.

« Le chœur est tiré de l'octogone, à cinq pans égaux, avec cinq fenêtres ogivales à lancettes simples, de 6 mètres au moins de hauteur. Celle du centre a été malheureuse-

---

[1] *Notions préliminaires*, p. 8.

ment bouchée pour recevoir une peinture moderne. Les arêtes des nervures sont à tores, et retombent sur des têtes d'homme, de bœuf, d'ours, placées en tailloir de chapiteaux à feuillages, couronnant des faisceaux de trois colonnettes inégales. La plus grosse, au centre, reçoit l'arc-doubleau. Par le côté, il y a d'autres colonnettes avec chapiteaux à feuillages, supportant aussi des formerets à boudins.

« L'église, continue-t-il, est d'environ trente mètres de longueur, sur une largeur de 8 ^m 40 et une hauteur de 10 à 11 mètres. Le chœur est d'un mètre plus élevé. La nef offre cinq travées séparées par des demi-colonnes avec chapiteaux à feuillages. Il y a trois arcs latéraux surmontés par une belle archivolte, retombant des deux côtés sur des anges portant des emblêmes. D'élégantes fenêtres simples, et élancées sont à moitié bouchées. Autour du chœur se trouve un bas-relief remarquable, d'un mètre de large, posé à 0 ^m 60 au-dessus du sol, représentant divers mystères de la vie du Sauveur. Il y reste encore des vestiges de la décoration polychrome (rouge, bleu, or), dont il avait été enrichi. Le chœur, à l'extérieur, est tout en pierres de taille, aussi bien que les grands contreforts. »

Rien de plus exact que cette description, que nous nous sommes plu à citer pour donner une idée de la manière de l'auteur. Mais où celui-ci nous semble ne pas être d'une rigoureuse exactitude, c'est lorsqu'il attribue cet édifice à l'ordre de Citeaux, qu'il le suppose ensuite élevé par les libéralités des comtes de Savoie et enfin qu'il le croit actuellement démoli ou en voie de l'être.

Quoi qu'en ait pu dire Besson, auquel M. le chanoine Poncet a peut-être emprunté cette assertion, jamais les Cisterciens n'ont eu aucun droit sur l'établissement reli-

gieux du Bourget. L'un de nos confrères, M. Eugène Burnier, dans sa remarquable monographie sur le *Château et
le Prieuré du Bourget*, a fait justice de cette inexactitude
et restitué à l'ordre de Cluny la constante et entière possession de celui-ci. Le seul aspect du monument suffit, du
reste, pour se convaincre de ce dernier fait. Les anciennes
églises cisterciennes, suivant les recommandations de
saint Bernard, étaient d'une ordonnance extrêmement
simple et avaient ordinairement le chœur terminé en rectangle ou carré. Au contraire, celles des Bénédictins de
Cluny tendaient bien plus à rappeler la célèbre église de
l'abbaye-mère et se distinguaient généralement par la
richesse du style et surtout par les courbes multiples et
gracieuses de l'abside.

D'un autre côté, bien que la famille de Savoie eût donné,
vers 1070, l'ancienne église de Maltacène située sur les
derniers escarpements de la montagne, rien n'indique
qu'elle ait contribué à l'érection de celle qui nous occupe.
Sans pouvoir préciser la date de sa construction, on sait
par les visites pastorales des évêques de Grenoble que
celle-ci fut restaurée ou réédifiée, de 1450 à 1470, par le
prieur Odon de Luyrieux, dont la famille, après avoir
fourni trois prieurs à ce monastère, semble y avoir attaché son nom. A cette époque, les membres de la dynastie
souveraine de Savoie avaient déjà oublié le chemin du
Bourget et leur intéressant manoir. Les successeurs de
Thomas II et d'Amédée V étaient occupés ailleurs.

Bref, il est inutile d'ajouter que ce vénérable monument du xv⁰ siècle en Savoie n'est point abattu et ne doit
point l'être. S'il est aujourd'hui question d'y faire des réparations, c'est pour le conserver, et non pour le détruire.
Digne d'être classé parmi les monuments historiques, on

peut même raisonnablement espérer qu'il le sera un jour ou l'autre, à la grande satisfaction des amis de l'art ancien.

Au sujet de l'église d'Hautecombe, M. le chanoine Poncet formule également trois propositions qui comportent certaines réserves, à savoir : que l'abbaye aurait été fondée en 1125 par des moines de l'ordre de Saint-Blaise ; que l'ancienne église détruite par la Révolution n'aurait eu qu'une nef accompagnée d'un seul bas-côté sur la droite ; que l'architecte chargé par le roi Charles-Félix de sa reconstruction, connaissant peu les principes de l'art ogival, y aurait mêlé un peu tous les styles.

Sans disputer trop sur les dates, il est néanmoins reconnu aujourd'hui que la date de 1125 a été ajoutée par Guichenon à la charte de fondation d'Hautecombe et qu'en réalité cet acte doit être reporté entre l'an 1135 et l'an 1139.

Quant aux premiers habitants de ce célèbre monastère, on est généralement d'accord maintenant qu'ils vinrent de l'ancienne Hautecombe située à Cessens, sur l'autre rive du lac du Bourget, qu'ils dépendirent originairement de l'abbaye d'Aulps et par conséquent qu'ils suivaient la règle cistercienne sous laquelle vivaient les religieux de ce dernier établissement.

Toutefois, l'inexactitude la plus importante à relever est celle qui concerne la forme de l'ancienne basilique. Nous n'avons vu nulle part jusqu'ici que cette illustre nécropole fût d'une ordonnance aussi irrégulière qu'il le suppose. Nous sommes, au contraire, convaincus qu'elle était construite sur un plan parfaitement régulier. Les recommandations de Charles-Félix à l'architecte de ne rien innover dans ce qui existait précédemment, les traces d'anciennes voûtes encore visibles dans les combles de l'édifice, sans compter d'autres indices non moins concluants, tout prouve, en effet, qu'il existait une basse nef sur le côté gauche de la nef principale aussi bien que sur le côté droit.

On ne saurait, non plus, attribuer à une ignorance de l'architecte, Ernest Melano, les quelques détails de l'église actuelle qui ne rentrent pas essentiellement dans le style gothique, telles que les deux colonnes torses de l'entrée de la nef centrale et la chapelle de Saint-Maurice. M. Melano, bien que né en dehors du pays classique du gothique, n'était certainement pas sans avoir vu et étudié les monuments de ce genre d'architecture en Savoie et même en Italie. Que si son œuvre paraît manquer ici de l'unité de style, qui est requise dans l'art de construire aussi bien que dans l'art d'écrire, il faut en voir la raison bien plutôt dans l'obligation qui lui avait été imposée de restaurer simplement l'église ancienne et d'en conserver scrupuleusement tout ce qui avait résisté à la tourmente révolutionnaire.

Mais nous bornons ici notre critique; et, comme les légères imperfections que nous venons de signaler et quelques autres que nous taisons, n'enlèvent point sérieusement au travail de M. le chanoine Poncet son mérite, nous passons, en lui rendant le légitime hommage qui lui est dû.

II

Les Monuments anciens de la Tarentaise,
par E.-L. BORREL, architecte.

Dans le même genre que l'*Etude sur les anciennes églises de la Savoie et des rives du lac Léman*, de M. l'abbé Poncet, se placent les *Monuments anciens de la Tarentaise*, de M. E.-L. Borrel, architecte.

La Tarentaise est, comme on sait, cette vallée qui s'étend du confluent de l'Arly et de l'Isère au mont Iseran, bordée d'un côté par les monts qui la séparent de la Maurienne au sud-ouest, et de l'autre, par les montagnes qui la séparent de la vallée de Beaufort au nord-est. Sous le rapport politique, cette vallée a été pendant longtemps la voie de communication principale, et, dans tous les cas, la plus praticable, entre notre pays et l'Italie. Elle doit probablement à cette circonstance d'avoir été habitée dès les temps les plus reculés. On sait que les premiers de ses habitants mentionnés par l'histoire sont une peuplade de Celtes nommés Ceutrons. Dès lors, elle a vu passer successivement la domination romaine, la domination burgonde, la domination franque, les invasions sarrazine et hongroise, enfin le gouvernement huit fois séculaire de la Maison de Savoie. Chacune de ces époques a laissé des traces de son existence dans des monuments qui ont attiré à juste titre l'attention des archéologues.

Déjà M. E.-L. Borrel avait publié, en 1870, un travail sur le même sujet : *Les Sépultures de la Tarentaise depuis les temps antéhistoriques jusqu'en 1793*[1]. Depuis, il a eu la bonne idée de compléter ses études sur sa province natale et d'étendre le cercle de ses recherches. Nous disons la bonne idée : tout homme à qui Dieu a donné des loisirs, une situation propice, du talent et une plume, ne saurait mieux les employer qu'à recueillir et à faire revivre du passé de sa patrie tout ce qui peut instruire et intéresser ses contemporains.

L'ouvrage qui a été ainsi composé et qui est aujourd'hui soumis au jugement de l'Académie, a été honoré d'une souscription du ministre de l'instruction publique et des beaux-arts de France. Grand in-4°, édité avec luxe, il comprend trois parties, outre une introduction de huit pages : la première, contenant dix-huit chapitres de deux cent soixante-six pages ; la seconde, trente documents de cinquante-et-une pages, dont dix-huit inédits ; la troisième, quatre-vingt-quinze planches de dessins, dont quatre-vingt-dix lithographies, un chromo, et quatre héliogravures hors texte, sans compter une vingtaine de reproductions de pierres ou inscriptions tumulaires dans le texte.

Dans son ensemble, ce volumineux travail peut être considéré au double point de vue architectonique et historique.

Sous le premier rapport, il présente un réel intérêt. L'auteur y décrit, avec la compétence que lui donne sa profession d'architecte, non seulement tous les restes de constructions romaines, tous les monuments du moyen-

---

[1] Petit in-8° de 207 pages.

âge et même du commencement de l'époque moderne exis-
tant encore dans la Tarentaise, mais aussi les moindres
vestiges vrais ou supposés de la présence de l'homme dans
la contrée durant les temps préhistoriques. Borné à cette
partie, pour ainsi dire technique, il n'y a pas de doute que
l'ouvrage n'eût pris un bon rang parmi les meilleures publications de ce genre.

Malheureusement, il n'offre pas ailleurs les mêmes
conditions de succès. Dans les aperçus historiques que
M. Borrel a cru devoir y introduire, nous avons eu le
regret de remarquer, sur plusieurs points, un manque de
critique, des inexactitudes, des erreurs, des appréciations
irritantes ou des allégations hasardées, qui, rompant
avec les exigences d'un semblable travail, en amoindrissent
sérieusement la valeur.

Parmi ces divers éléments d'imperfection, nous rappor-
terons, en premier lieu, l'opinion que l'auteur émet, dans
l'introduction, sur l'état primitif de l'humanité. En ces
derniers temps, dans un but avoué ou trop facile à deviner,
quelques archéologues ont tiré des trouvailles d'industrie
humaine plus ou moins élémentaire, faites sur un certain
nombre de points du globe, la conclusion générale que
l'homme, au début de son existence, vécut partout à
l'état sauvage. M. Borrel nous a paru se ranger à cette
école. « Sur tous les points du globe, dit-il, les vestiges
que l'on a trouvés des premiers hommes indiquent
leur état sauvage. Les débris de l'industrie des premiers
temps de l'humanité découverts dans les cavernes, dans
les couches superposées de résidus de la vie domestique
et dans celles des alluvions, attestent la lenteur du progrès
dans les débuts de l'existence humaine et la longue suite
de siècles qu'il a fallu pour la transformation de l'homme

de l'état sauvage à l'état actuel de la civilisation [1]. » Déjà, dans les *Sépultures de la Tarentaise*, il avait écrit ces paroles plus significatives : « L'âme, cette émanation d'une intelligence et d'une puissance supérieures inconnues, était encore, dans les débuts de l'intelligence humaine, plongée dans les ténèbres d'une ignorance grossière qui ne lui laissait éprouver que des sentiments matériels. Avant que la civilisation n'eût dégrossi les facultés de l'homme, il ne devait connaître d'autres lois que celles de son tempérament. Les facultés intellectuelles grandissent avec le perfectionnement des forces physiques [2]. »

Nous sommes loin de méconnaître l'importance des découvertes archéologiques pour l'histoire de l'homme sur la terre. Mais, est-il bien sûr que ces vestiges ou ces débris qu'on invoque ici se rapportent, comme on le prétend, aux premiers êtres humains ? N'en serait-il point de ces temps éloignés comme des temps présents où, tandis qu'on vit, par exemple, à Alger, à Saint-Louis, au Cap, au Caire, avec tout le luxe et le confort provenant d'une industrie raffinée, il existe, au centre de l'Afrique, des peuplades qui se servent encore de silex pour leurs haches et d'os pour leurs flèches ? Peut-on surtout conclure logiquement ou scientifiquement de ces données d'une vie de lutte et de misère, recueillies çà ou là, sans qu'on en puisse fixer la date précise, que la condition originelle des hommes fut l'état sauvage ? Nous ne le pensons pas ; la conclusion serait plus large que les prémisses. En tout cas, il y aurait là une contradiction formelle, non seulement avec ce que nous lisons dans la Bible, mais encore avec tout ce que l'antiquité profane, en les énumérant

[1] Introduction, page 4.
[2] *Les Sépultures de la Tarentaise*, p. XIII.

sous les noms d'âge d'or, d'âge de fer et d'âge de bronze, nous dit des phases de la vie humaine. Voltaire lui-même convient que la devise de toutes les nations fut toujours :

« L'âge d'or se montra le premier sur la terre. »

Que des peuplades en soient venues à vivre misérablement en telles nombreuses et diverses contrées que l'on voudra, non, ce n'est pas à contester ; mais, dirons-nous avec un grand nombre de savants renommés, c'était là une *dégradation* et non un état primitif. Il est bien prouvé, au contraire, que l'humanité commença par une civilisation bien plus parfaite que celle dont nous nous vantons, et qu'elle ne dut sa plus ou moins grande déchéance qu'à des causes qui lui sont imputables. Nous savons tous avec quelle profondeur de science et d'érudition, un illustre Savoyard, qui fut un grand philosophe et l'un des premiers membres de cette Académie, M. Joseph de Maistre, a démontré cette vérité [1]. « Non seulement, dit-il, les hommes ont commencé par la science, mais par une science différente de la nôtre, et supérieure à la nôtre, parce qu'elle commençait plus haut... » Puis, il ajoute : « Personne ne sait à quelle époque remontent, je ne dis pas les premières ébauches de la société, mais les grandes institutions, les connaissances profondes, et les monuments les plus magnifiques de l'industrie et de la puissance humaine. A côté du temple de Saint-Pierre, je trouve les cloaques de Tarquin et les constructions cyclopéennes. Cette époque touche à celle des Etrusques, dont les arts et la puissance vont se perdre dans l'antiquité, qu'Hésiode appelait grands et illustres, neuf siècles avant Jésus-Christ, qui envoyè-

[1] *Soirées de Saint-Pétersbourg.* Deuxième entretien.

rent des colonies en Grèce et dans nombre d'îles, plusieurs siècles avant la guerre de Troie ... »[1]

Pour terminer ces réflexions sur l'état primitif de l'homme, nous citerons encore cet autre passage d'un ouvrage récemment couronné par l'Académie française : « Pour la subdivision en âges successifs de cette période quaternaire, les géologues donnent naturellement comme caractères les diverses espèces d'animaux successivement disparues de la contrée à cause du changement de climat ; ainsi Lartet dit : l'âge du grand ours, l'âge du mammouth, l'âge du renne, l'âge de l'aurochs. Mais les archéologues, qui sont plus nombreux, veulent fonder simplement leur chronologie sur le degré de perfectionnement de l'industrie naissante des premiers hommes, en supposant qu'ils ont mis de longues séries de siècles à passer des instruments de *pierre brute* à ceux de *pierre polie*, puis de ceux-ci à ceux de *bronze* et de *fer*.

« Or il est évident que ce système, qui serait à peine proposable pour indiquer l'ordre chronologique dans une même peuplade, devient insoutenable quand on veut, de quelques ustensiles ou armes plus ou moins industrieusement façonnés, trouvés en des contrées éloignées, conclure que leurs possesseurs étaient contemporains ou ne l'étaient pas.

« On trouverait aujourd'hui même, dans divers pays, des peuplades qui n'en sont qu'à l'âge de la pierre taillée, et qui peuvent avoir, à quelques myriamètres de chez eux, dans les colonies européennes, des chemins de fer et des télégraphes, des photographies et des pianos.

---

[1] Tite-Live, parlant de cette civilisation des Etrusques l'a fait remonter lui-même : *Diù ante rem romanam.*

« Le progrès rapide et continu que fait de nos jours la science du déchiffrement des inscriptions monumentales des antiques civilisations apportera bientôt des éléments décisifs dans ces questions, livrées en ce moment aux plus absurdes divagations, et traitées chez nous et chez nos voisins de l'Est, avec des préoccupations exclusivement antireligieuses. »[1]

En outre de ce qu'il y a de mal fondé ou, pour le moins dire, de fort douteux, dans l'opinion précédente, M. Borrel, non suffisamment prémuni sans doute contre l'inadvertance, a laissé ensuite se glisser dans son livre, à propos de certains faits, des manques de précision ou des erreurs qui demanderaient à être rectifiées. C'est ainsi qu'il est affirmé[2] que la Savoie, cessant d'être occupée par les Français en 1557, fut rendue la même année par la victoire de Saint-Quentin à Emmanuel-Philibert, tandis que le traité qui consomma cette cession est du 3 avril 1559. De même, il est dit à tort que Gaspard de Montmayeur fut chevalier de l'ordre du Collier, de 1424 à 1430, sous le *Comte-Vert*. Amédée VI, dit le Comte-Vert, naquit au Château de Chambéry, le 4 janvier 1334, monta sur le trône en 1344, et mourut de la peste, à Naples, le 2 mars 1383. Il y eut deux Gaspard de Montmayeur : celui dont il s'agit fut nommé chevalier du Collier, lors de la création de cet ordre en 1347 ; l'autre fut grand maréchal, en 1424, sous Amédée VIII, et mourut chevalier de l'ordre du Collier en 1443.

Ailleurs, l'auteur des *Monuments anciens de la Tarentaise* n'a pas cru devoir revenir de l'idée déjà émise par

---

[1] *Les Montagnes*, par Albert Dupaigne, p. 319.
[2] Page 140.

lui en d'autres temps, que le régime féodal ne fut partout que l'oppression organisée des paysans par les seigneurs laïques ou ecclésiastiques. De quelques faits particuliers plus ou moins condamnables, il conclut, en dépit de la logique, au général ; à ses yeux, l'état présent seul a toutes les perfections. Cette thèse qu'il avait déjà soutenue précédemment, avons-nous dit, il nous paraît la reproduire ici avec un courage digne d'une meilleure cause, à l'occasion des franchises de Moûtiers, des sires de Briançon, des archevêques de Tarentaise, etc. Nous pensons qu'il eût été plus sage de s'abstenir de semblables questions en un pareil ouvrage, ou tout au moins de tenir compte des rectifications qu'il s'est attirées autrefois de plusieurs savants de notre pays et, entre autres, de notre éminent collègue, M. le comte Amédée de Foras. [1]

De même, nous ne saurions admettre sans réserve certaines inductions personnelles ou certaines traditions prétendues populaires dont il accompagne la description de quelques-uns des monuments présentés. Ses conjectures à propos de ce qu'il désigne sous les noms de Mégalithes ou de Galgals nous paraissent surtout peu fondées. Quelques-uns des contes rapportés sont même peu dignes de figurer dans un livre sérieux. Tel est celui qui fait des assassins de l'archevêque Rodolphe de Chissé les compagnons de débauche des religieuses d'un prétendu couvent situé à Mont-Girod ; tel est encore celui qui attribue l'origine de l'aumône du Pain-de-Mai à une Dame blanche venant avertir l'archevêque Pierre qu'elle avait vu, dans son trajet du

[1] Depuis, M. l'abbé Borrel, professeur au petit séminaire de Moûtiers, a fait, au congrès des Sociétés savantes savoisiennes tenu à Montmélian, en 1885, une réfutation complète des assertions erronées de M. l'architecte Borrel.

château de Melphe à Moûtiers, des paysans manger l'herbe des champs. Nous en passons beaucoup d'autres.

Mais, ce qui nous a semblé, dans l'ouvrage de M. Borrel, non moins à regretter que les éléments d'imperfection qui précèdent, c'est une absence par trop sensible d'art littéraire. Sans parler de quelques défauts de style et d'un certain manque d'enchaînement dans les idées, les redites auxquelles l'auteur se livre fréquemment, nous font supposer que son travail a été composé en grande partie de pièces rapportées. En effet, nous avons constaté que plusieurs d'entre elles avaient déjà reçu la publicité à peu près dans les mêmes termes en diverses circonstances, notamment dans les comptes-rendus des congrès des Sociétés savantes savoisiennes. Telles sont les pages qui concernent l'Homélie de saint Avit, celles qui regardent la cathédrale de Moûtiers, le château de Saint-Jacques, le château de Briançon, les franchises de Moûtiers, etc.

D'un autre côté, nous ne voyons pas l'utilité des chapitres ou des articles très étendus qui se rapportent, par exemple, à l'administration romaine et aux procurateurs romains, aux dîmes et aux impôts, aux franchises du bourg de Saint-Germain et aux franchises de Moûtiers, à la vie des premiers moines et aux diverses sortes de maisons religieuses. Toutes ces longues digressions ou discussions parallèles sont autant de hors-d'œuvre qui rompent l'unité de l'ouvrage et font perdre de vue au lecteur le sujet principal.

Cependant nous n'hésitons pas, malgré ces réserves nécessaires, à reconnaître au livre de M. Borrel un vrai mérite. S'il n'est pas aussi parfait que nous eussions désiré, il marque un but patriotique et décèle une ardeur de travail qui sont d'un bon exemple aux amateurs des études archéologiques dans notre pays.

III

L'Abbaye et la vallée d'Abondance, par le chanoine J. MERCIER, membre de l'Académie salésienne, membre correspondant de l'Académie de Savoie, lauréat de la Société florimontane.

Le troisième ouvrage présenté au concours est l'*Abbaye et la vallée d'Abondance*, par M. l'abbé J. Mercier, chanoine de la cathédrale d'Annecy.

« Le touriste qui, d'Evian-les-Bains, veut se transporter en Vallais par le col de Morgin, prend la route montueuse dont les gracieux méandres l'amènent sur le plateau de Saint-Paul. Longtemps encore, il pourra plonger ses regards sur les eaux bleues du Léman ou admirer les splendeurs naturelles de ce panorama. Mais une fois qu'il aura dépassé *Belle-Vue* [1], le spectacle change : au levant et au midi se dressent des montagnes sourcilleuses qui sont les premiers gradins des Alpes Pennines. Bientôt la route fléchissant à l'est, introduit notre voyageur dans la fertile vallée de Chevenoz et de Vacheresse, puis, se redressant vers le sud, elle laisse à droite Bonnevaux que domine le col de Corbier, et enfin tournant brusquement à gauche, elle s'enfonce dans une gorge resserrée, où bientôt le chemin semble barré par deux bras de montagnes qui,

[1] Nom que la première République avait substitué à celui de Saint-Paul.

des deux côtés, ne s'ouvrent que pour laisser un étroit passage à la Dranse. C'est le *Pas d'Abondance*, lieu fameux dans l'histoire du pays. Le voyageur y franchit la rivière sur le pont des Portes et bientôt il a devant lui un étroit vallon, où lui apparaît le chef-lieu d'Abondance adossé au nord sur le talus de la montagne de Jorat. Le premier objet qui s'impose à ses regards, c'est un vaste et antique édifice derrière lequel s'élance hardiment la flèche d'un clocher.

« Si notre touriste est un artiste ou un chroniqueur, il éprouvera une singulière impression d'étonnement, quand il se trouvera en face de ces imposantes constructions ; qu'il saura que ce sont là les restes de ce qui fut, pendant des siècles, la principale abbaye du diocèse de Genève et qu'elle a servi d'asile à des princes et à d'illustres personnages ;..quand il contemplera à loisir les ruines, toujours si belles, de son cloître ; quand, enfin, pénétrant dans l'antique église du monastère, il pourra en admirer l'architecture aussi hardie que gracieuse. Il applaudira à la décision souveraine qui a rangé ces édifices religieux parmi les *Monuments historiques* [1]. »

Quant à la vallée elle-même qui renferme ces édifices, « elle ne comprend que les trois communes d'Abondance, de la Chapelle et de Châtel, dont la population totale atteint à peine le chiffre de quatre mille habitants. Elle est séparée du Vallais, au levant, par le mont Linthal et le col de Morgin ; au nord, elle confine avec Vacheresse par les montagnes d'Autigny et de Ferrière ; au couchant, avec Bonnevaux et Saint-Jean d'Aulps, par l'Ecuelle ; au midi, par Montriond et Morzine, par Chaufleuriaz et autres

---

[1] Avant-Propos, p. 1 et 2.

montagnes dont chaque commune possède les versants qui lui font face [1] ».

Tel est le théâtre, décrit par M. le chanoine Mercier lui-même et sur lequel nous allons voir se dérouler à nos yeux les divers événements rapportés dans son livre.

Déjà un certain nombre d'auteurs renommés, entre autres Besson, Grillet, Albanis-Beaumont, J. Dessaix, Victor de Saint-Genis, et surtout l'architecte Léon Charvet, avaient écrit sur ce sujet. On sait qu'en outre MM. Léon Ménabréa et Melvil Glover se proposaient de publier à cet égard quelqu'une de ces monographies où ils excellaient, et même on annonce que d'autres écrivains préparent en ce moment un travail de même nature. Cette multiplicité d'historiens, apportant chacun le fruit de ses études et de ses découvertes, montre par avance tout l'intérêt que peuvent présenter ici l'abbaye et la vallée dont il est question.

Notre auteur retrace, en un volume de 305 pages in-8°, le tableau où l'on voit réapparaître, pour ainsi dire, sous leurs vrais visages, tantôt distincts, tantôt confondus, les maîtres de l'une et les habitants de l'autre. En réalité, trois parties sont à distinguer dans ce travail : l'abbaye et la vallée sous les chanoines Augustins (1108-1606), l'abbaye et la vallée sous les Feuillants (1606-1761, l'abbaye et la vallée sous la Sainte-Maison de Thonon (1762-1792). Un dernier chapitre nous fait assister aux violences de l'ouragan révolutionnaire qui mit fin à cette existence séculaire et sema la terreur chez les paysans.

En dehors des publications de ses devanciers, M. le chanoine Mercier s'est servi, pour sa monographie, de

[1] Chap. I", p. 5,

nombreux documents originaux recueillis dans les familles de la vallée par M. l'abbé Dufour, vicaire à Abondance, et des copies non moins nombreuses de vieux parchemins faites, en 1783 et 1784, par un autre vicaire en cette paroisse R^d J.-F. Blanc. Lui-même a fouillé, dans le même but, les bibliothèques publiques et privées, interrogé les hommes érudits, étudié les mémoires des Sociétés savantes, dont il espérait tirer quelque enseignement. Il avait d'ailleurs, par la nature de son esprit et par ses études antérieures, les qualités les plus sérieuses pour entreprendre un semblable travail. Déjà nous lui devions plusieurs œuvres du même genre, dont quelques-unes ont été fort remarquées[1].

Néanmoins, comme il arrive souvent en pareille circonstance, son sujet était ici d'autant plus difficile à traiter qu'il l'avait été précédemment par plus d'écrivains. Le lecteur est comme l'enfant : plus on lui donne, plus il est exigeant. Les défauts qu'il tolérerait dans une œuvre de première main, il les condamne sévèrement dans une œuvre de seconde main. C'est ainsi que nous avons remarqué dans le livre de M. le chanoine Mercier plusieurs côtés vulnérables pouvant prêter le flanc à la critique.

Nous ne relèverons pas l'erreur, légère d'ailleurs, qui fait succéder à l'abbé Provana l'abbé Aiazza en 1589, et non en 1598 ; c'est là, sans doute, le fait d'une distraction du typographe[2]. Mais, où nous chercherons plus sérieuse-

---

[1] *Vie de M. Bouvet, dit l'Oncle Jacques*, 1870. — *Documents inédits au sujet de la béatification de saint François de Sales*, 1877. — *Souvenirs historiques d'Annecy* (ouvrage couronné par la Société Florimontane), 1877. — *Notice sur les Clarisses de Genève et d'Annecy*, 1881. — *Le B. Pierre Favre, dit Lefèvre, son culte et sa chapelle*, 1883.

[2] Page 201.

ment querelle à l'auteur, c'est lorsque, pour prouver que la vallée d'Abondance servit de refuge à une colonie de Burgondes après la défaite de ceux-ci par les fils de Clovis, il invoque les Teutons *(Teutonici)* de Vallorsine et les Allemands *(Allemanni)* de Sixt[1]. Les Teutons et les Allemands dont il est ici question, n'apparurent que postérieurement et appartenaient à des peuples différents des Burgondes[2]. C'est aussi à tort que, dans le même passage, il donne à supposer que les Francs vinrent s'établir effectivement dans notre pays aux lieu et place des Burgondes, quand il ajoute que « la colonie de ceux-ci retirée à Abondance bénéficia, à l'insu ou avec la tolérance des vainqueurs », des propriétés demeurées communes précédemment. La Savoie devint, à la vérité, une partie des Etats gouvernés par les princes Francs, mais ne fut jamais occupée, à titre de propriété domaniale, par les hommes de cette nation.

D'un autre côté, l'auteur manque parfois de précision. Parlant de l'admirable spectacle donné par les moines au douzième siècle, il appelle saint Bernard « l'illustre réformateur de l'ordre de Saint-Benoît ».[3] L'orateur peut user d'une telle licence, mais l'historien a le devoir de se montrer scrupuleusement exact. Entré, en 1113, dans le couvent de Cîteaux fondé par saint Robert en 1098, saint Bernard ne fit que mettre en pratique, à Clairvaux, et propager ensuite, dans maints autres établissements, la réforme entreprise par saint Robert et codifiée par saint Albéric.

Il faut encore rapprocher de cette inadvertance ce qui

---

[1] Page 17.

[2] V. les travaux de MM. Bonnefoy et Perrin sur la vallée de Chamonix.

[3] Page 223.

est dit, à propos de la vie sensuelle des chanoines de Saint-Augustin d'Abondance dans les derniers temps de leur existence, « des agapes plus abondantes » auxquelles ils se livraient en certains jours pour honorer la mémoire de leurs bienfaiteurs défunts. Le contexte laisse supposer que c'était-là une innovation récente. Ces agapes, appelées *pitancie*, étaient déjà en usage depuis fort longtemps, même dans les couvents les plus austères. L. Ménabréa, dans ses Origines féodales[1], rapporte que, le 2 avril 1217, le comte de Savoie « fit donation à ses bien-aimés cénobites (les Chartreux d'Aillon) de la somme de quatre livres fortes, à prendre annuellement sur les revenus du péage de Saint-Rambert en Bugey, en expliquant qu'il les destinait à un repas, *convivium*, que les religieux feraient en commun dans le couvent, aux fêtes de Pâques. Ces sortes de réunions, ajoute-t-il, auxquelles on donnait le nom de *pitancie*, pitances, étaient constamment, et les exemples en fourmillent, précédées et suivies de prières en commémoration des pieux bienfaiteurs de l'établissement. » Nous n'excusons pas, en réalité, ces bons chanoines d'Abondance, que saint François de Sales a lui-même condamnés ; mais nous pensons que leur cas était assez grave, du reste, pour ne pas les faire bénéficier ici des circonstances atténuantes.

En somme, ce ne sont là que de légères inattentions que l'auteur pourra facilement réparer dans une seconde édition de son ouvrage. Nous en dirons autant de quelques imperfections littéraires, que des lecteurs raffinés seraient tentés de lui reprocher. Ici, ce sont des descriptions topographiques qui manquent de rapidité et de couleur ; là,

[1] Chapitre xvi, page 528.

des phrases qui marchent pesamment, embarassées par des membres incidents ; ailleurs, des termes qui sont peu usités ou des réflexions qui n'ont aucune utilité. Nous ferons également remarquer que l'ordre laisse à désirer en plusieurs parties. Une sage économie de l'ouvrage aurait demandé, par exemple, que l'auteur observât un groupement plus soigné des faits se rapportant à un même objet, et donnât à plusieurs de ceux-ci une autre place que celle qu'ils occupent. L'ordre est une des qualités les plus précieuses de la composition historique ; par lui, dit Fénelon, « le lecteur habile a le plaisir d'aller sans cesse en avant sans distraction, de voir toujours un événement sortir d'un autre, et de chercher la fin, qui lui échappe, pour lui donner plus d'impatience d'arriver »[1]. C'est, par excellence, l'art des grands maîtres.

Néanmoins, si nous n'osons affirmer d'une manière absolue que M. le chanoine Mercier ait produit l'histoire jusqu'ici attendue, selon lui, de l'abbaye et de la vallée d'Abondance, nous reconnaissons volontiers qu'il s'est avancé très loin vers le but proposé, et que son livre a une valeur relativement considérable par les nombreux faits et les nouveaux documents qu'il a tirés de l'oubli.

[1] Fénelon. Lettre à l'Académie.

IV

Histoire de Thonon et du Chablais, par M. l'abbé PICCARD.

Sous ce dernier rapport, nous devons distinguer, entre toutes, l'*Histoire de Thonon et du Chablais*, de M. l'abbé Piccard. Ici, le travail ne se borne plus à une seule vallée, ni à une seule abbaye du Haut-Chablais, mais comprend tout le Chablais lui-même et presque tous ses établissements religieux et profanes. C'est le début de l'auteur, et s'il se ressent parfois de l'inexpérience du soldat qui fait sa première campagne, on peut dire déjà qu'il a eu, si nous pouvons nous exprimer ainsi, la coquetterie du premier uniforme, en ce sens que le sien est panaché de ces minuties que dédaignent les vieux troupiers. L'auteur, qui s'en doute un peu, s'en excuse par ce vers de Corneille :

« A tous les cœurs bien nés, que la patrie est chère. »

M. l'abbé Piccard est chablaisien ; il a apporté à son œuvre, avec un amour profond de sa province natale, une ardeur infatigable à en étudier la vie. Nous savons d'ailleurs qu'il ne s'est point arrêté dans cette noble voie et qu'il se prépare à publier prochainement de nouveaux travaux du même genre.

« Le Chablais, dit-il après Bertolotti, est la perle la plus petite, mais la plus brillante de la couronne ducale de Savoie. » Peu de contrées de la patrie savoyarde n'ont été plus que lui, dès les temps les plus reculés jusqu'à nos jours, le théâtre d'événements remarquables. Sur cette terre plantureuse, les hommes distingués ont germé ainsi que les fleurs et les arbres, empruntant, comme eux, de son sol, de son ciel et de ses eaux, la vigueur de l'esprit, la générosité du caractère et la fraîcheur des sentiments. Ecrivains, artistes, hommes de guerre, hommes d'église, la liste en est aussi longue que glorieuse.

Thonon, devenu la capitale de cette province, est surtout remarquable par le nombre de ses illustrations et de ses établissements de tous genres. L'auteur en fait, pour ainsi dire, le centre de l'action de son œuvre. Il nous le montre successivement dans son origine, dans son expansion, dans l'état social civil et religieux de ses habitants, tout en comprenant dans son récit les mouvements de la population, les monuments antiques, les événements politiques et militaires du Chablais tout entier.

L'ouvrage, divisé en quinze chapitres subdivisés eux-mêmes en plusieurs articles, contient, outre quatre plans topographiques, quatre cent treize pages de texte et trente-sept pièces justificatives, formant ensemble cent soixante-quinze autres pages.

Pour le composer, M. l'abbé Piccard s'est livré à de nombreuses recherches dans les archives publiques et privées, a déchiffré maints documents inédits et résumé une foule de travaux antérieurs d'histoire et d'archéologie. Les auteurs qu'il cite sont principalement Prévost, Guichenon, Besson, Grillet, Léon Ménabréa, Cibrario, Blavignac, Boccard, le comte Jules de Loche, le général Dufour, le chanoine Ducis, etc., sans compter les mémoires des Sociétés savantes de Savoie, de Turin, de Genève et autres villes de la Suisse remande.

On comprendra l'intérêt de ce volume par l'énumération des faits propres à toute la province du Chablais et de ceux qui concernent particulièrement Thonon. Les premiers se rapportent spécialement à l'époque antéromaine, dont il retrace les cités lacustres et les tombeaux ; à la nation allobrogique, dont il décrit les mœurs et les gestes dans la contrée ; à la domination romaine, pendant laquelle eut lieu le grand événement de l'établissement du christianisme ; à l'invasion et au règne des premiers Burgondes ; à la domination franque ; à l'existence du second royaume de Bourgogne ; à l'avénement, aux guerres, aux conquêtes et au gouvernement de la Maison de Savoie ; à l'occupation des Bernois et à l'introduction de l'hérésie ; à la restauration de l'ancien gouvernement de nos princes et à la conversion du Chablais par saint François de Sales ; enfin, aux différentes occupations qui eurent lieu ensuite de la province, par les Luzernois, par les Français et par les Espagnols.

L'histoire particulière de Thonon est résumée dans ses divers établissements religieux ou de bienfaisance : Ripailles, les hôpitaux, la Visitation, les Minimes, les Annonciades, les Ursulines, le collége des Barnabites et la Sainte-Maison.

M. l'abbé Piccard s'est servi, pour la plus grande partie des faits généraux, de publications antérieures et souvent n'a fait que les analyser, en laissant la responsabilité des assertions à leurs auteurs. Tel est, entre autre, ce qui regarde les possessions de la Maison de Savoie dans le Valais et sur la rive droite du Léman, l'invasion bernoise, la restitution du Chablais, sa conversion, l'action de saint François de Sales à cette occasion. En général, ces événements sont exactement rapportés et représentés sous leur véritable physionomie. La partie qui concerne les établissements pieux et charitables de Thonon présente, de son côté, un caractère plus original, plus neuf. Les détails peu connus ou entièrement inédits y abondent et forment le véritable intérêt de l'ouvrage.

Généralement, dans l'exposé de ces faits, nous avons remarqué une élocution convenable, marchant rapidement et ne s'embarassant point de phrases incidentes, qui sont l'écueil ordinaire des auteurs qui composent leur premier ouvrage. Plusieurs passages sont même marqués au bon coin, telle que la victoire de Pierre de Savoie sur Hartmann de Kibourg dans les environs de Chillon, le régime de la municipalité de Thonon, la fondation de Ripailles par Amédée VIII, le complot de Sure, etc.

Néanmoins, le style ne se soutient pas partout avec la même allure. Çà et là, au lieu d'une marche douce et aisée, il est heurté, rocailleux. En plusieurs endroits, nous avons aussi regretté que son amour délibéré des détails l'ait entraîné à n'en négliger quelques-uns dont l'accumulation lasse l'attention plus qu'elle n'instruit. La disposition d'esprit du lecteur, qui veut aussitôt connaître le dénoûment de la situation qu'on lui présente, aurait également exigé que l'auteur n'eût point interrompu le récit des faits de certains sujets. L'ordre chronologique est assurément la base de la composition historique ; mais, pour le suivre dans toute sa rigueur, on s'expose à nuire considérablement à l'intérêt et même à la clarté. Il ne doit être observé qu'à proportion de la liaison que les événements ont entre eux. En d'autres termes, l'historien a le devoir de réunir non seulement tous les faits qui se rapportent à une même question, mais encore toutes les questions qui ont une dépendance naturelle entre elles. Nous croyons donc qu'il eut été préférable, par exemple, de ne point suspendre le récit des établissements de Thonon par la biographie des personnages remarquables de cette cité, ni de renvoyer, après cinq chapitres de sujets différents, la fin des événements qui concernent l'établissement religieux de Ripailles.

Enfin, nous ne nous arrêterons pas à relever certains faits inadmissibles ou discutables, qui ont échappé sans doute à l'attention de l'auteur ou qu'il paraît avoir acceptés avec trop de confiance d'écrivains plus ou moins autorisés. Dans le premier cas se trouve cette erreur que nous avons déjà signalée chez M. le chanoine Mercier et qui consiste à croire que les Francs ont remplacé les Burgondes dans la possession de leurs terres en Savoie. Dans le second cas, nous mentionnerons particulièrement l'itinéraire d'Annibal par le Chablais. Il n'y a presque pas de vallée de nos Alpes pour laquelle on n'ait réclamé le singulier honneur d'avoir été traversé par le célèbre général carthaginois. Le Bourg-d'Oisans, la Maurienne, la Tarentaise, Beaufort ont leurs partisans. Le Chablais a aussi les siens, dont naturellement M. Piccard vient augmenter le nombre. Suivant en cela M. le chanoine Ducis, il fait remonter par Annibal la rive gauche du Rhône, tourner Genève à droite vers Annemasse et Machilly, s'avancer ensuite par le Chablais, et de là par Meillerie et Saint-Gingolph. Nécessairement, d'après le principe que les yeux obéissent au cœur, tout ce que rapporte Polybe se retrouve entre ces points extrêmes du Chablais : la Dranse, la bienveillance des Allobroges et jusqu'à la fameuse pierre blanche, *leucopetron*, qui ne serait qu'un rocher de la montagne de Meillerie ou de Saint-Gingolph, mis à nu par un récent éboulement. On voit, au fond, que tout ceci n'a que la valeur d'un peut-être.

Il en est de même de ce qui regarde l'existence de certaines villes ou de certains villages anciens, fondée sur de simples étymologies de noms ; qui ne sait que rien n'est plus perfide que l'art étymologique? Mais, disons-le, ce ne sont là que de légers défauts qui n'atteignent point le fond de l'ouvrage de M. l'abbé Piccard, et, en somme, l'*Histoire de Thonon et du Chablais* doit être mise au rang des bons livres historiques publiés sur la Savoie.

V

Vie du Père Chérubin de Maurienne de l'Ordre des Frères Mineurs Capucins, par l'abbé TRUCHET, chanoine honoraire, membre de la Société d'histoire et d'archéologie de Maurienne et de l'Académie de Savoie.

De l'*Histoire de Thonon et du Chablais* à la *Vie du Père Chérubin de Maurienne*, la transition est toute naturelle. Ce dernier ouvrage, publié en 1880 par M. l'abbé Truchet, chanoine honoraire de la cathédrale de Saint-Jean de Maurienne, est la biographie détaillée d'un des personnages qui ont figuré glorieusement dans la conversion du Chablais à la fin du XVI° siècle, et dont M. l'abbé Piccard, par suite de la nature de son travail, n'a pu que rapporter les traits principaux. Tout d'abord, nous dirons que l'ouvrage de M. le chanoine Truchet, avec ses trois cent soixante-onze pages de texte, grand in-8°, et ses trente et une pièces justificatives ou notes, est, en général, extrêmement intéressant. Le sujet prêtait et l'auteur n'a pas fait défaut à son sujet.

Une biographie pieuse est une œuvre littéraire; cette œuvre demande une main d'ouvrier, comme tout autre travail. Un travail de main d'ouvrier est toujours agréable à voir; il satisfait à des conditions de métier et d'art dont on ne s'affranchit pas en vain, et surtout il répond au besoin qu'il visait.

Au moment où M. le chanoine Truchet faisait paraître son livre, on venait de voir en France une foule de religieux expulsés de leurs maisons en vertu de prétendues lois existantes; il était bon de montrer, par un exemple, ce que sont et ce que furent dans tous les temps ces hommes toujours persécutés et toujours dévoués au bien du peuple. Comme l'auteur le dit lui-même dans sa Préface, la vie religieuse est trop peu connue dans le monde. Les uns ne connaissent d'elle que les préjugés vulgaires et sots des impies, et ils répètent volontiers, après Voltaire, que les couvents sont des retraites « où l'on fait serment à Dieu de vivre aux dépens d'autrui et d'être inutiles. »[1] D'autres, sans montrer en eux-mêmes une hostilité directe contre la vie du cloître, la plaignent et la blâment comme une institution en dehors des mœurs du temps présent. Une telle injustice, à peine tempérée par une telle ignorance, est une raison pour chercher avec soin et faire connaître les hommes forts de l'histoire : « Si leur grandeur s'augmente de notre petitesse, dit excellemment l'auteur, notre faiblesse, à son tour, peut se relever au contact de leur force »[2].

---

[1] VOLTAIRE, *Remarques de l'Essai sur les mœurs*, XI, *des Moines*.
[2] *Vie du P. Chérubin*, Préface, page xv.

Le P. Chérubin, saint et savant religieux capucin, s'est distingué surtout dans la mission pour la conversion du Chablais et du Valais, dont il fut un des plus vaillants ouvriers. Son caractère et ses actes ont été diversement appréciés. Le but que s'est proposé son compatriote est, soit de les exposer sous leur vrai jour, soit de les venger des injustes accusations dont ils ont été l'objet.

Nous avons dit que la conversion du Chablais fut l'œuvre principale qui valut au P. Chérubin sa haute célébrité. On sait de quels malheurs cette province avait été précédemment le théâtre. Au mois de janvier 1536, les Bernois, aidés des Genevois et profitant de la faiblesse de Charles III, s'étaient emparés de la plus grande partie de la contrée, ainsi que des seigneuries de Gex, de Ternier et de Gaillard. L'occupation dura jusqu'en 1564. Presque en même temps, le reste de la Savoie fut envahi par les troupes de François Ier, et demeura annexé à la couronne de France jusqu'au 3 avril 1559.

Les Bernois ne s'étaient pas seulement contentés de dominer le pays, mais encore ils en avaient bientôt après abattu les croix et les images, chassé les prêtres et démoli les églises ; enfin, ils avaient interdit le culte catholique et forcé les habitants à embrasser la religion protestante. « Ceux-ci s'étaient laissé entraîner par la crainte des persécutions auxquelles les catholiques étaient soumis, ou gagner par les séductions et les sophismes des prédicants de la réforme : peu d'apostasies avaient pour cause l'immoralité, qui fit la fortune du protestantisme en Allemagne et en Angleterre et qui est l'obstacle le plus insurmontable au retour à la vraie foi. Plusieurs, tout en faisant extérieurement profession de l'hérésie, avaient caché les croix, les bannières, les vases sacrés et les ornements des autels, dans l'espérance plus ou moins instinctive de voir luire des jours meilleurs où ils pourraient reprendre l'exercice du catholicisme. Les nobles surtout avaient hautement protesté contre la nouveauté et la violence, et plusieurs avaient mieux aimé perdre leur fortune que trahir leur religion et leur conscience. [1] »

Cependant la fortune avait changé de face, et les ducs de Savoie, par les traités de 1559 et de 1593, étaient rentrés dans la pleine possession de leurs Etats en deçà des monts. C'est vers cette dernière date que le duc de Savoie, Charles-Emmanuel Ier, et l'évêque de Genève, Claude de Granier, se concertèrent et résolurent de faire refleurir la religion catholique dans les malheureuses provinces des bords du Léman. Après quelques essais infructueux, la mission en fut confiée, en 1594, à François de Sales, qui, en présence d'une entreprise aussi difficile et aussi périlleuse, ne tarda pas à solliciter des auxiliaires courageux et capables, désignant spécialement l'ordre des capucins comme pouvant le mieux les lui fournir.

Ceux de ces religieux qui entrèrent ainsi dans la lice, furent le P. Chérubin de Maurienne, le P. Esprit de la Baume et le P. Antoine de Tournon, résidant dans les couvents de Savoie et dépendant de la province de Lyon.

Le P. Chérubin, chef et âme de cette petite troupe n'avait alors que vingt-huit ans. Dernier ou l'un des derniers descendants des nobles Fournier de Saint-Jean de Maurienne, il était né en cette ville, le 24 mars 1566, et avait reçu au baptême le nom d'Alexandre. A l'âge de dix-sept ans, entraîné sans doute par l'exemple du P. Jean de Maurienne, qu'il avait connu curé de Saint-Jean, il re-

---

[1] *Vie du P. Chérubin*, chap. III, p 31.

nonça au monde et alla demander asile aux capucins de Gênes. Il fut inscrit parmi les novices de ce couvent, le 7 septembre 1583, et y prononça ses vœux solennels do religion, le 8 septembre 1584. Auparavant, il avait légué par testament tous ses biens à l'évêque de Maurienne, M⁶ʳ Pierre de Lambert, pour être employés en bonnes œuvres. Peu de temps après sa profession, le P. Chérubin fut appelé à faire partie du couvent de Lyon et, de là, envoyé à l'Université d'Avignon pour obtenir le grade de docteur.

Ses études terminées, il resta attaché à cette dernière maison jusqu'à l'abjuration d'Henri IV, en 1593, époque à laquelle il fut transféré au couvent des capucins de Montmélian. Il donna à cette ville plusieurs preuves signalées de son dévouement, soit en quêtant des secours pour les habitants réduits à la misère, soit en faisant rebâtir, sous le vocable de Notre-Dame de la Compassion, l'église paroissiale qui avait été détruite par le canon, lors du siège de la forteresse par Henri IV, en 1600.

« Le P. Chérubin réunissait toutes les qualités qui font l'orateur, et surtout l'orateur chrétien. Une voix forte et sonore, une onction douce et pénétrante, un geste brillant et varié, une connaissance profonde de l'Ecriture et des Pères, une diction pure et élégante, le feu sacré qui, de son cœur, allait embraser le cœur de ses auditeurs, dont il savait merveilleusement trouver le chemin et pénétrer le mystère : tout donnait à sa parole un charme et une puissance auxquels rien ne résistait. Il excellait surtout dans la controverse ; il prenait son adversaire, l'empêchait de s'échapper de la question par les sentiers du sophisme, l'acculait dans ses derniers retranchements, et là, son argumentation vive et serrée, le forçait de rendre hommage à la vérité [1]. »

Cependant, dans ses prédications au peuple, « le même Père s'appliquait à exposer les vérités de la foi, clairement, simplement, à les dégager des interprétations fausses, et à faire comprendre à ses auditeurs l'incontestable vérité de cet axiôme de saint Augustin, qu'en fait de religion la vérité est ancienne et que toute nouveauté est une erreur ; il leur rappelait qu'ils étaient originairement catholiques, que c'était dans l'Eglise catholique que leurs pères avaient vécu, que tout ce que le protestantisme avait conservé de croyances chrétiennes venait de l'Eglise romaine et lui appartenait [2] ».

Mais, ce qui ne distinguait pas moins le P. Chérubin, ce qui fit même sa plus grande réputation, fut l'ardeur et la force de son caractère. « Il avait, dit M. l'abbé Fleury [3], de l'audace dans le caractère et un peu de cette âpreté qu'on rencontre dans les habitants des montagnes. Les rochers de la Maurienne avaient ombragé son berceau, et tout en lui se ressentait de cette nature austère, qui contribue si puissamment à tremper fortement une âme. »

« Le P. Chérubin, dit aussi M. l'abbé Truchet, était l'homme des grandes luttes. Il ne pouvait supporter que, dans une ville soumise à un prince catholique et dont un grand nombre d'habitants étaient déjà catholiques, le libre exercice du culte rencontrât encore tant de difficultés, et qu'à chaque instant il fallût compter avec les intrigues et les menaces des Genevois et des Bernois. Les clameurs de

---

[1] *Vie du P. Chérubin*, pages 22 et 23.
[2] *Ibid.*, p. 32.
[3] *Saint François de Sales, le P. Chérubin et les ministres de Genève*, p. 56.

l'hérésie l'indisposaient, car il savait ce qu'elle faisait là où elle était maîtresse [1]. »

Néanmoins, ajoutent ses biographes, « il savait contenir son zèle dans de justes bornes, et évitait soigneusement toute parole qui eût pu aigrir les cœurs ». [2] « Il n'injuriait jamais ses adversaires. » [3]

C'est ce double aspect de la force unie à la douceur, dans le P. Chérubin, qui lui a valu de ses contemporains mêmes et des historiens qui sont venus ensuite, des jugements contraires, les uns d'une sévérité outrée, les autres élogieux à l'excès, aucun ne retraçant dans sa vérité la vive et mâle physionomie de cet homme extraordinaire.

En même temps que les ministres protestants l'appelaient *fougueux, ignorant, imprudent, bête furieuse*[4], ses supérieurs et les hommes les plus élevés en dignité, le pape, le duc de Savoie, l'évêque de Genève, François de Sales, Antoine Favre, l'honoraient de leur estime et de leur confiance. C'est la part des hommes vraiment supérieurs d'être ardemment discutés dans leurs personnes, dans leurs actes, et de susciter à la fois des haines violentes et des sympathies non moins vives. Pour nous, à deux siècles de distance, la meilleure preuve des hautes qualités du P. Chérubin est la grande part qu'il ne cessa de prendre à la lutte contre l'hérésie jusqu'après complète victoire. Les faits qui lui sont propres dans cet incomparable succès sont généralement connus. Il mourut en revenant de Rome, au couvent des capucins *del Monte*, à Turin, le 20 juillet 1610.

[1] *Vie du P. Chérubin*, p. 68.
[2] FLEURY, *Saint François de Sales et les ministres de Genève*.
[3] *Vie du P. Chérubin*, p. 68.
[4] Bèze.

Telle est, à grands traits, la vie que retrace M. le chanoine Truchet. Cependant, comme le livre est bien fait, comme il est destiné à édifier le lecteur, nous le voulons absolument véridique dans tous ses détails et nous le désirons parfait de tout point. Nous nous permettrons donc deux ou trois observations, dont l'auteur pourra, s'il le juge convenable, tirer profit dans une seconde édition.

Nous avons dit que soucieux de montrer aux yeux distraits ou prévenus de ses contemporains un religieux pieux, savant, courageux, n'ayant rien plus à cœur que de servir l'Eglise et de sauver les âmes, l'auteur avait pour but de le venger des injustes reproches dont son zèle a été l'objet. Assurément, il appartient à l'historien consciencieux de ramener à une saine appréciation des faits l'opinion égarée par des gens intéressés à les travestir.

Il était bon ici de confondre la malveillance des ministres protestants, qui n'ont pas trouvé mieux de se consoler de leurs défaites honteuses que d'accuser leur heureux adversaire d'ignorance ou de folie furieuse. Il était aussi important de faire remarquer le jugement plus ou moins erroné, accepté avec trop de précipitation ou de confiance par des auteurs de bonne foi qui ont eu le tort de ne pas assez se rendre compte des circonstances ou de ne pas traduire suffisamment leur pensée. Mais, le biographe du P. Chérubin eut donné, croyons-nous, plus d'autorité à son travail en évitant de comprendre, dans une égale réprobation, les détracteurs avérés et des personnages qu'on ne saurait taxer légèrement de malveillance préméditée, comme Charles-Auguste de Sales et plusieurs autres écrivains recommandables qui sont venus ensuite. Une des plus impérieuses obligations de l'historien est de mettre simplement sous les yeux du lecteur les documents qui constatent la fausseté des allégations contredites et de garder dans son langage le calme du juge impartial.

Il est certain que le P. Chérubin était doué d'un caractère de soldat intrépide, qui le rendait ennemi des demi-mesures dans le feu de la bataille et le portait à marcher hardiment, dût-il perdre la vie, sur l'ennemi qu'il savait résolu lui-même à tous les excès. Toutefois, ce n'est point là un crime, ni même une tache; le mérite et l'estime qui reviennent au vaillant religieux n'ont rien à souffrir de cette généreuse ardeur. Combien n'y a-t-il pas de saints, jouissant à juste titre maintenant des récompenses célestes et aussi justement honorés sur nos autels, dont le mérite fut presque tout entier dans ce zèle qui effarouche aujourd'hui si fort la béatitude de nos esprits modérés?

Ailleurs, M. le chanoine Truchet prend à partie avec la même vivacité d'expression les auteurs catholiques à qui il reproche d'avoir enlevé, au profit de saint François de Sales, l'initiative ou la conduite de certaines œuvres appartenant exclusivement, selon lui, au P. Chérubin. En cela, il s'élève particulièrement contre Charles-Auguste de Sales, qu'il qualifie de neveu complaisant, principalement à propos de l'institution de la Sainte-Maison.

Nous avons voulu relire attentivement les passages incriminés, et nous avouons avec humilité n'avoir pas découvert la noire intention de dépouiller l'humble religieux de ce qui lui est dû. Il est incontestable toutefois que François de Sales reçut la direction de la mission du Chablais, et il n'est ni étonnant, ni injuste, que ces historiens fassent remonter jusqu'à lui les œuvres qui s'y accomplirent. Au contraire, la thèse soutenue par M. le chanoine Truchet tendrait à faire croire que les capucins avaient une action indépendante. La vérité est que, s'ils ne furent pas des ouvriers de la dernière heure, ils furent des ouvriers en sous-ordre.

Quant à la création de la Sainte-Maison, pour ne parler que de ce fait, est-il même bien vrai que l'initiative doive en être attribuée au P. Chérubin ? N'est-ce pas François de Sales qui en rédigea lui-même et signa de sa main le règlement, en 1599? Les entretiens du religieux avec le pape à ce sujet, la part que le P. Chérubin prit à l'organisation de cette remarquable institution, la qualité même de commissaire dont il fut investi, ne nous paraissent pas des preuves suffisantes pour le placer ici avant le saint que l'Eglise et l'histoire ont nommé par excellence l'apôtre du Chablais.

Mais, nous le répétons, ces minuties que nous relevons dans le livre de M. le chanoine Truchet, ne peuvent en rien atteindre l'économie du travail, et témoignent seulement du prix que nous attachons à son œuvre.

VI

Saint-Jean de Maurienne au XVIe siècle,
par M. l'abbé TRUCHET.

C'est un sentiment de satisfaction plus intense encore, que nous a fait éprouver le dernier travail dont nous avons à parler : *Saint-Jean de Maurienne au XVIe siècle.* L'auteur est le même que celui de la *vie du P. Chérubin de Maurienne.* On comprend qu'il aime de préférence à parler des personnes et des choses de sa province. S'appropriant les paroles d'un autre écrivain : « L'histoire, dit-il, de mon village, de son église, de son école, de son hôpital, de sa vieille tour, de ses vieilles coutumes et des familles qui ont fait quelque bien ou quelque bruit, m'intéresse plus que celle de Rome ou d'Athènes ; car ce village est pour moi le premier élément et comme une réduction de la patrie. »

Le nouvel ouvrage de M. le chanoine Truchet, qui n'est encore qu'à l'état de manuscrit, contient la matière d'environ 540 pages d'impression in-8°, divisé en trente chapitres, y compris une préface et une table alphabétique des principaux faits, personnages, lieux et édifices mentionnés.

La vallée de Maurienne, comme la Tarentaise et le Chablais, tient une place importante dans les annales historiques de notre pays. Après avoir subi diverses phases politiques dans les temps anciens, on sait qu'elle fut au xie siècle, sous le titre de comté, un des premiers apanages de la Maison souveraine de Savoie. Saint-Jean, devenu dès longtemps auparavant sa capitale, occupait, au xvie siècle, un espace restreint, malgré ses quatorze rues qui, par l'étendue et l'alignement, n'avaient rien de commun avec la rue actuelle de Rivoli de Paris, et comprenait tout au plus deux mille cinq cents habitants, dont le plus grand nombre appartenait à la population rurale.

C'est dans cette cité minuscule, remplie d'édifices religieux, d'hôpitaux, d'écoles, fréquentée par de nombreux étrangers de toutes sortes, tantôt dominée par le bruit des discussions municipales, tantôt morne sous les fléaux qui venaient s'y abattre, que M. le chanoine Truchet promène de rue en rue, de maison en maison, son lecteur.

Nous ne lui ferons pas injure en soupçonnant que l'idée de son travail lui est venue du beau livre de notre regretté collègue Timoléon Chapperon : *Chambéry à la fin du XIVe siècle.* L'idée est bonne. Néanmoins l'ouvrage qui nous occupe, s'il se rapproche sensiblement de l'économie de son modèle, relate de tout autres détails passés en tout autre temps.

L'auteur a choisi le XVIe siècle, dit-il, parce que c'est le siècle intermédiaire entre le moyen-âge et les temps modernes, la période de la résignation des libertés locales au profit de la monarchie absolue, l'époque des grandes luttes politico-religieuses, en un mot le coucher du soleil de l'ancien monde et l'aurore d'un monde nouveau. Mais, comme M. Timoléon Chapperon, il ne s'est pas borné à faire revivre sous nos regards seulement Saint-Jean et cette époque ; sortant de ce cadre chaque fois que le sujet le comporte, il présente ici un tableau de toute la Maurienne, là il cite des faits qui ont précédé ou suivi d'assez loin le XVIe siècle.

On peut résumer sous ces divers titres les principaux sujets traités dans l'ouvrage : édifices religieux, — écoles, — hôpitaux, — vie municipale, — physionomie particulière et rapport mutuels des trois ordres de la société, — personnages remarquables, — concours des étrangers, — épreuves causées par la guerre et par la peste, associations pieuses et charitables, — vie intime des particuliers.

Sans entrer dans le détail de ce vaste panorama aux aspects variés, nous nous contenterons de reproduire quelques traits ou situations particulières, qui mettront à même d'apprécier le contenu du livre et le mérite de l'auteur.

Ici, c'est l'origine touchante de la confrérie de Notre-

Dame de la Miséricorde. On remarquera que les grandes institutions qui, dans ces siècles reculés, honorent le plus l'humanité, ont eu des commencements modestes et furent dus à la piété de quelques particuliers. Est-ce bien avec raison que souvent on parle des enfants comme d'un âge sans pitié ? On était en 1525. De jeunes mendiants, touchés de la misère dans laquelle ils voyaient de plus pauvres qu'eux, se concertèrent pour venir à leur secours. Prélevant d'abord sur leurs propres besoins, les prémices du pain qu'ils avaient recueilli de porte en porte, ils imaginèrent de les placer sur une table d'ardoise dressée dans la rue Saint-Antoine, et de les distribuer à leurs frères d'infortune. L'année suivante, au pain, ils ajoutèrent un agneau. En 1527, changeant d'établissement, ils construisirent une hutte de branchages pour recevoir leurs hôtes, firent dire une messe et offrirent un repas composé « de blé mendié, de viandes bouillies et rôties et de vin en abondance »[1]. En 1528, après une grand'messe et un repas copieux, ils s'érigèrent en confrérie et stipulèrent un règlement, qui portait entre autres, qu'on ferait de même chaque année. [2]

A cela, M. le chanoine Truchet ajoute : « Les petits mendiants ne disent pas où ils prendront ces capitaux dont les intérêts seront distribués aux plus pauvres qu'eux, qui ont leur jeunesse et leurs bonnes jambes. C'est qu'ils n'en savent rien : ils mendieront davantage et se priveront un peu plus, pour pouvoir mettre dans la caisse une plus large part de ce qu'on leur aura donné. Quant à l'administration et au mode de distribution, ils n'en parlent pas

[1] *Livre de la confrérie.*
[2] **Page 85.**

davantage. A quoi bon? Pour quelques confrères et si peu d'argent, il sera toujours facile de s'assembler. »[1]

Cependant l'œuvre grandit rapidement et dans des proportions extraordinaires. Elle obtint bientôt la direction de l'ancien hôpital de la Miséricorde, et vit chaque jour venir à elle de nombreux sociétaires de tout rang désireux de lui apporter le concours de leur foi et de leur dévouement. L'auteur fait ressortir avec netteté ce merveilleux développement et montre, après avoir cité les noms des confrères les plus distingués, l'importance que l'hospice acquit en moins d'un demi-siècle sous leur action bienfaisante.

Ailleurs, nous avons remarqué les tableaux aussi exacts qu'animés, où il représente l'administration municipale de la cité, les droits et les devoirs respectifs des trois ordres, la nature des impôts, la vie et les sentiments religieux des familles.

De nos jours, le mot *Commune* est devenu tristement fameux, depuis que les assassins de la Roquette et les incendiaires du palais des Tuileries lui ont attaché une signification sinistre. Autrefois, il était loin d'être ainsi compris. En Savoie, il n'était guère employé que pour désigner le territoire ; l'ensemble des citoyens s'appelait *Communauté*. Celle-ci se composait des trois ordres du clergé, de la noblesse et du tiers état. Le premier de ces ordres comprenait les chanoines, les autres prêtres et clercs attachés au service des églises ; le deuxième, non seulement les nobles de naissance et ceux de récente concession, mais encore de tous les docteurs en droit ou en médecine. Le tiers-état, désigné aussi sous le nom de

[1] Page 86.

bourgeoisie, se composait des citoyens qui n'appartenaient ni au clergé ni à la noblesse.

L'administration communale était loin d'être alors ce qu'elle est devenue depuis par l'effet de la Révolution, une pupille dominée par des tuteurs jaloux. Elle avait sans doute des rouages moins réglés, mais elle avait la liberté. A Saint-Jean de Maurienne, dit M. le chanoine Truchet, « la communauté s'administrait elle-même et était presque aussi indépendante et souveraine dans la gestion de ses affaires, que le prince dans le gouvernement de l'Etat. On se chicanait bien un peu, on plaidait beaucoup, la bourse commune n'était peut-être pas assez fermée et des rongeurs s'y glissaient parfois, malgré la surveillance de tout le monde. Mais on était chez soi et le citoyen avait la consolation de n'être pas toute sa vie mineur, dans la personne de la commune, et sans autre droit que celui, très glorieux sans doute, d'aller de sa personne, tous les quatre ans, déposer dans une urne les noms des tuteurs qu'il préfère et qui, en tout cas, seront eux-mêmes en tutelle. [1] »

Ce *home* administratif s'affirmait surtout dans les conseils, qui étaient de deux sortes, l'un général, l'autre parculier, suivant qu'ils comprenaient les membres des trois ordres ou seulement les membres d'un seul d'entre eux. Tous les chefs de maison ayant atteint l'âge de majorité en faisaient partie de droit. Si la question à résoudre regardait la communauté tout entière, elle était de la compétence du Conseil général ; dans le cas où elle ne concernait que l'un des trois ordres, elle recevait sa solution uniquement du conseil particulier de cet ordre. L'une et l'autre de ces assemblées se réunissaient aussi souvent qu'il était

[1] Pages 102 et 103.

nécessaire, sur la convocation des syndics et après l'auto-
risation du juge corrier qui n'était jamais refusée. Annon-
cées d'abord au prône des églises paroissiales, puis à tous
les carrefours de la cité, et enfin au son de la grosse clo-
che, elles se tenaient d'ordinaire le dimanche, de une
à deux heures de l'après-midi. Toute question était traitée
suivant les besoins du moment et la décision prise devenait
aussitôt exécutoire, quelqu'en fut l'objet. Par exemple,
« il n'y avait pas de budget arrêté à l'avance ; mais chaque
dépense était discutée et votée, à mesure que la nécessité
s'en faisait sentir. Le conseil établissait alors une *taille*,
c'est-à-dire un impôt égal à un ou plusieurs quartiers de
la gabelle due au souverain. » La perception en était confiée aux syndics, qui représentaient le pouvoir exécutif.

Ces magistrats étaient au nombre de deux, l'un nommé
par la noblesse, l'autre nommé par le tiers-état. Leur
mandat durait une année, et, chose qui a lieu de surpren-
dre beaucoup de citoyens de nos communes, loin d'ambi-
tionner une telle charge, on la redoutait tellement qu'il
fut nécessaire d'édicter l'amende et la prison contre l'élu
qui refuserait sans motifs légitimes de l'accepter. C'est que
l'honneur d'être le premier magistrat de sa commune
n'était pas aussi simple et inoffensif qu'aujourd'hui ; il
comportait des devoirs et une responsabilité qui enga-
geaient jusqu'à la fortune des titulaires.

La distinction des citoyens en trois ordres n'avait pas
de son côté, pour le dernier d'entre eux, le caractère
odieux que l'ignorance ou la passion se plaisent à lui prêter. Ce qui a existé paisiblement, d'un commun accord
pendant plus de huit siècles, dans presque toutes les
nations européennes, avait certainement sa raison d'être.
« L'ancienne organisation sociale, dit l'auteur de *Saint-*

Jean de Maurienne au XVIe siècle, au lieu d'osciller au hasard des aptitudes apparentes et des intrigues réelles, préférait s'appuyer sur le principe clair et stable de la naissance, la naissance naturelle pour la noblesse, la naissance du sacerdoce pour le clergé. » On ne voit pas ce que les peuples ont gagné de force et de paix à changer cet état de choses. Du reste, le clergé et la noblesse n'étaient pas, surtout en Savoie, des classes fermées ; au contraire, semblables aux fleuves qui sortent des glaciers et des lacs de nos montagnes, ces deux ordres s'alimentaient et s'entretenaient constamment de l'élite du tiers-état. Il est superflu de le démontrer pour le clergé. Quant à la noblesse, on a vu qu'elle comprenait les docteurs. Or, le doctorat n'était pas le privilège de la richesse, et personne n'ignore qu'il pouvait être obtenu par tout jeune homme même pauvre du tiers-état, au moyen des nombreuses bourses fondées dans les collèges et dans les universités. En outre, qui ne sait la facilité avec laquelle, non seulement les évêques de Maurienne, mais encore les ducs de Savoie, surtout depuis l'édit du 7 février 1563 et l'ordonnance du 10 avril suivant, acccordaient à leurs sujets méritants la noblesse en titre ?

La question des impôts, non moins défigurée par nos politiciens modernes, est tout aussi clairement présentée par M. le chanoine Truchet. Il y avait alors, comme aujourd'hui, des impôts destinés spécialement au service de l'Etat et d'autres que les communautés établissaient pour subvenir à leurs propres besoins. Les premiers portaient les noms de *gabelle*, d'*aide* et de *don gratuit* ; les seconds se résumaient dans ce qu'on appelait la *taille communale.*

L'*aide*, dont l'assiette n'est pas nettement définie dans les documents que nous possédons, constitua jusque vers le milieu du xvi⁴ siècle, l'impôt ordinaire et tenait son nom du supplément que les sujets apportaient aux revenus personnels du prince en vue de l'aider à satisfaire entièrement aux dépenses de son gouvernement.

La *gabelle*, qui remplaça l'aide à partir de la seconde moitié du xvi⁴ siècle, frappait le produit de la terre, le revenu locatif présumé des bâtiments et l'intérêt des créances, déduction faite dans tous les cas des frais de culture et des dettes. Il y fut ajouté dans la suite la gabelle du sel et la gabelle du vin.

Le *don gratuit* était un impôt extraordinaire censé offert spontanément et qui n'avait lieu qu'en certaines circonstances importantes, comme l'avènement d'un nouveau souverain, le mariage d'un membre de la famille ducale, l'entreprise d'une guerre à l'étranger ou le soutien de la défe nse nationale, etc.

Les *tailles communales* étaient elles-mêmes calquées sur la gabelle et reposaient en général sur les mêmes sources de revenus.

Comme on le voit, après le bénéfice d'une demi-douzaine de révolutions en France, il n'y a encore aujourd'hui, dans le système financier de l'ancien régime, que des noms changés. C'est en vain que, pour justifier le système actuel, les mêmes politiciens dont nous avons parlé, allèguent l'inégalité des charges entre les classes de la société et objectent que le clergé et la noblesse étaient exempts de la gabelle, tandis que seul, le *pauvre peuple* y était soumis. M. le chanoine Truchet leur répond : « Ils ne l'étaient pas du don gratuit qu'ils s'imposaient aussi spontanément à la demande du Conseil d'Etat, mais sur un taux beaucoup plus élevé que la bourgeoisie, en sorte que la gabelle y trouvait une compensation très appréciable. »

En même temps, l'auteur prouve qu'il n'est pas plus juste de blâmer les dimes et les droits féodaux. « La dîme, dit-il, n'appartenait pas au prêtre ; elle appartenait à l'église, en faveur de laquelle étaient toujours faits les actes de reconnaissance ; le prêtre avait seulement droit d'y prendre sa subsistance, comme ministre de Dieu et serviteur de l'Eglise. Elle fournissait· en grande partie, du reste, aux frais du culte, à l'entretien et à la réparation de l'église, aux aumônes prescrites par la coutume et à beaucoup d'autres dépenses qui la faisait rentrer dans le peuple [1]. » Quant aux droits féodaux, il ajoute que « le lecteur reconnaîtra que ces droits existent encore pour la plupart, et que ceux qui n'existent plus sont remplacés par d'autres non moins onéreux, tels que le timbre, l'enregistrement, la personnelle, la patente, les portes et fenêtres, 'c. [2] »

Plus loin, et c'est une des parties non moins intéressantes de son travail, M. le chanoine Truchet nous fait entrer dans l'intérieur des familles, dont il décrit minutieusement le mobilier, les costumes et les usages. Ces pages qui rappellent le livre de M. Charles de Ribbe sur *les Familles et la société avant la Révolution*, en France, sont une preuve que ce qui faisait l'honneur et la force de ce pays présentait le même charme touchant dans nos vallées de Savoie. Ici, c'est le contrat de mariage où l'époux assure déjà sur ses biens une situation digne de celle qui tiendra la seconde place au nouveau foyer ; là, c'est le testament avec le cérémonial et les dispositions pleines de foi et de sagesse que comporte cet acte final de la vie temporelle.

[1] Page 204.
[2] Page 211.

L'un et l'autre de ces deux actes étaient regardés comme les plus importants de la vie. « L'acte de mariage ne se faisait jamais qu'après les fiançailles à l'église dont il faisait mention expresse ; quelquefois même il n'avait lieu qu'après le mariage... Il portait toujours constitution d'augment pour l'époux en faveur de l'épouse. Cet augment est du quart de la dot de celle ci, et la coutume du pays de Maurienne est que : si les époux ont des enfants, l'augment leur appartient, avec réserve de l'usufruit pour l'épouse après la mort de son mari ; s'ils n'ont pas d'enfants et que l'épouse survive au mari, l'augment lui appartient ; si elle meurt la première, l'augment revient au mari, c'est-à-dire est nul de plein droit[1]. »

Le principe qui dominait dans les anciennes sociétés est que le père de famille est le vrai propriétaire de ses biens et peut en disposer à sa mort en pleine liberté. « Le testament, dit un jurisconsulte moderne, est le triomphe de la liberté dans le droit civil... Un peuple n'est pas libre, s'il n'a pas le droit de tester, et la liberté du testament est l'une des plus grandes preuves de sa liberté civile[2]. » La Révolution a imposé, en France, un système contraire, traduit par cette formule de Tronchet : « La loi doit être l'arbitre entre le père et les enfants. » Ne serait-ce point à cette législation, née des utopies de J.-J. Rousseau, que la nation est aujourd'hui redevable de la ruine des familles et de l'instabilité de ses institutions politiques ?

Jadis, en Maurienne, ainsi que dans le reste de la Savoie, la loi, comme si elle voulait lutter avec la nature, consoler l'homme de sa tyrannie et le dédommager de la

---

[1] Page 517.

[2] TROPLONG, *Traité des donations entre-vifs et des testaments.* Préface.

terrible et humiliante catastrophe qu'elle lui prépare, avait choisi, pour l'élever au plus haut point de la puissance et de la grandeur, le moment où celle-ci l'abaisse le plus. Elle en avait fait un législateur souverain et immortel, à l'époque même où il va cesser d'être homme[1]. Les testaments que cite M. le chanoine Truchet, sont tous revêtus d'un semblable caractère. Ordinairement rédigés par les notaires de village, ils témoignent d'une façon saisissante des sentiments d'ordre et de foi qui animent les testateurs.

Ceux-ci n'attendaient pas toujours leur dernière heure pour accomplir le devoir de tester. Pour le père de famille, mourir sans testament était regardé, au point de vue des devoirs de la vie présente, presque comme mourir sans confession sous le rapport religieux. « Il se souvenait que, propriétaire vis-à-vis de la société humaine et de sa famille, il était fermier vis-à-vis de Dieu, et, averti par la maladie que l'heure approchait peut-être de rendre compte de la gestion de ses biens et aussi de la manière dont ils les aurait abandonnés, il craignait, soit d'en mal disposer, soit *d'estre surprins d'icelle mort intesté et inconfus*[2]. » En 1560, un Claude Constantin, d'Albiez-le-Vieux, déclare faire son testament, *allant et chemynant, sain de son sens et entendement, parce qu'il vaut mieux vivre long-temps testé que intesté.*

Après cela les questions de justice occupent une des premières places dans l'esprit timoré des testateurs. Le 30 juin 1517, Pierre, fils de Gabriel des Costes, « veut que ses dettes et ses legs soient payés, les réclamations qui s'é-lèveraient contre lui apaisées, et les injustices qu'il pour-

---

[1] Voir Rusé, t. I, p. 187 et 188.
[2] Page 518.

rait avoir commises réparées, sommairement et sans figure de procès, au jugement de la sainte mère l'Église [1] ».

On a déjà vu le soin que l'époux prenait, dans le contrat de mariage, d'assurer l'avenir de son épouse ; au moment où la séparation s'approche de lui sous les traits de l'inexorable mort, le mari donne à la compagne de sa vie, à celle qui avait partagé, souvent pendant de longues années, ses pensées, ses travaux et ses soucis, l'usufruit de ses biens, *tant qu'elle mènera une vie chaste et viduelle*. La femme en faisait autant pour son mari [2]. Un acte de ce genre donne la raison de cette disposition : *c'est afin que les enfants, dépendant de leur mère, ne perdent point la révérence et obéissance qu'ils doyvent à icelle*. D'ordinaire, le père de famille faisait encore suivre ces belles paroles de touchantes recommandations à sa femme de se souvenir de la responsabilité qui va peser sur elle, et aux enfants de reporter sur leur mère et de lui garder inviolablement le respect et la soumission qu'ils partageaient entre les deux auteurs de leurs jours. C'est cette dernière règle de conduite que le juge corrier, de Saint-Jean de de Maurienne, Pierre Rapin, traçait ainsi à ses enfants envers leur mère : *Ils prendront son avis en toutes choses et le suyvront en révérence pour l'amour d'elle et de moi, et leur propre bonheur et prospérité* [3].

Les pauvres, les œuvres pies, l'église paroissiale ou quelque sanctuaire renommé de la contrée sont, de leur côté, l'objet d'une sollicitude non moins touchante.

Dans le testament de Pierre des Costes, que nous avons déjà cité, il est stipulé qu'il y aura à sa sépulture treize

[1] Page 525.
[2] Page 522.
[3] Page 522.

pauvres et qu'ils seront habillés par ses héritiers de drap du pays : tunique, habit, capuchon, chausses et souliers[1].

Antoine d'Albiez se montre plus généreux encore. « En l'honneur des treize apôtres, sa bière sera précédée de treize pauvres de Jésus-Christ, portant des torches et vêtus d'un habillement complet en drap blanc du pays, avec chausses et capuchon. De plus, en mémoire des cinq plaies de Notre-Seigneur, elle sera suivie de cinq autres pauvres âgés de trente ans, semblablement vêtus et portant des torches. Pour le jour de la fin de la neuvaine, on fera la procession et l'aumône d'usage, et, en l'honneur des quinze allégresses de la sainte Vierge, on habillera quinze pauvres filles de Jésus-Christ, âgées de douze ou treize ans. Chacune aura, pendant la messe et l'office, un chapelet à la main et le récitera dévotement pour le soulagement de l'âme et du testateur[2]. »

La pratique de léguer quelque chose aux églises ou aux sanctuaires était à peu près générale. Jacques Truchet (testament du 25 juin 1554) lègue *une sienne cappe de brunette et deux tiers d'aulne de drapt viollet pour une chappe ou chasuble à servir à l'autel de l'esglise Nostre-Dame*[3]. Le 8 janvier 1547, Nicolas Polliac, chanoine de la cathédrale distribuait ses habillements à ses parents, en réservant pour le chapitre un habit de drap et un autre de camelot de soie, pour faire deux chasubles, plus un *seyon*, ou petit manteau de velours, pour les border[4].

Mais ce qui domine dans ces actes de la dernière volonté des mourants, c'est l'idée de Dieu et de la vie future.

---

[1] Page 525.
[2] Testament du 20 mars 1511 ; p. 526.
[3] Page 524.
[4] *Ibid.*

On ne saurait trop signaler ce fait à la génération actuelle. Cette grande idée de Dieu, de laquelle tout procède et à laquelle tout aboutit, se maintient en Savoie, au xvie siècle, malgré les nombreux assauts auxquels elle est en butte, avec une force qui nous fait mieux comprendre les infirmités de notre état présent. Partout ailleurs, on la retrouve encore présidant aux actes importants des peuples et des individus. C'est ce qui explique la stabilité, la fécondité et la vigueur d'expansion des autres nations, même sous des régimes politiques très différents. « Comment, disaient les hommes les plus éminents des Etats-Unis à M. de Tocqueville, la société pourrait-elle manquer de périr, si, tandis que le bien politique se relâche, le bien moral ne se resserrait pas ? Et que faire d'un peuple maître de lui-même, s'il n'est soumis à Dieu ?[1] »

C'est donc au nom de Dieu que se faisaient tous les testaments dont nous venons de parler. Les testateurs de toute classe, nobles, bourgeois, paysans, riches et pauvres, commencent par faire le signe de la croix et par recommander leur âme « à Dieu, à la benoîte Vierge Marie, sa mère, au benoît saint Jean-Baptiste, leur patron, et à toute la cour célestielle de paradis, pour que icelle, quand du corps la conviendra partir, veuillent la recueillir et garder que l'ennemi de nature humaine ne ly puisse nuyre. »[2].

D'ailleurs, ils indiquent soigneusement les prières de l'Eglise, qui devront être faites pour le repos de leur âme, après leur mort. « Avant que le corps sorte de la maison mortuaire, les prêtres iront réciter auprès de lui le psau-

---

[1] De Tocqueville, *Démocratie en Amérique*, t. I, chap. xviii.
[2] Page 519.

tier de David. Tous les prêtres attachés à l'église paroissiale et disant la messe sont invités à sa sépulture..... A l'église, on célébrait toujours trois messes en présence du cadavre, une du Saint-Esprit, une de la sainte Vierge et une des défunts, celle-ci chantée, précédée et suivie des prières si belles de paroles et de chant qui sont encore en usage dans une partie du diocèse : « *Languentibus in purgatorio..... Exaudi.....* »[1].

Exaudi..... Mais, ce mot, Messieurs, ne serait-ce point celui que votre attention trop longtemps soutenue ou éprouvée nous adresse en ce moment ? Quoi qu'il en soit, malgré l'intérêt que présenteraient la plupart des autres passages du livre de M. le chanoine Truchet, nous ne poursuivrons pas le compte-rendu que nous avions à vous faire. L'auteur termine ici lui-même son travail, en comparant la ville moderne avec l'ancienne cité de Saint-Jean :

« Comme tout a changé, dit-il ! La population s'est accrue d'un tiers ; la route s'est fait un passage plus large ; les unes sont un peu plus alignées ; les hommes ne portent plus des hauts-de-chausses et de bonnets à plume, les dames des tabliers et des coiffes de drap d'or ; les avocats laissent leur toge au tribunal, et il n'y a qu'un tribunal ; il n'y a plus de gabelle, de don gratuit, ni de droits féodaux ; l'évêque n'a plus de pouvoir politique ; la noblesse ne dresse plus ses tours et ses girouettes au-dessus des toits des bourgeois ; il n'y a même plus de bourgeois ; les testaments sont plus courts, Dieu, l'âme, les pauvres et la sépulture n'y figurent plus ! Mais, il y a toujours, à mi-montagne, la chapelle de Bonne-Nouvelle ; dans la ville, la

[1] Page 520.

vieille cathédrale, le vieux clocher, le collège, l'hôpital
et... le cimetière. »

Néanmoins, parce que le livre de M. le chanoine Truchet
est bon, qu'il réunit toutes les conditions de vitalité, en un
mot, qu'il nous paraît devoir profiter aux générations fu-
tures comme à la génération présente, nous voulons être
sévères sur certains défauts ou certaines imperfections que
nous avons cru remarquer.

Parmi les nombreux documents qui sont cités intégra-
lement dans le récit, il en est une grande partie dont il eut
été plus convenable d'indiquer brièvement le sens, sauf à
renvoyer le texte aux pièces justificatives. Nous savons
qu'un auteur consciencieux ne se résigne pas facilement à
ces sortes d'abréviations et ne se croit en règle avec la vérité que lorsqu'il en a fourni les moindres éléments. Là est
son excuse. Néanmoins, nous pensons qu'il vaut mieux
éviter d'encourir les reproches des maîtres de la littérature, qui sont tous inexorables sur ce point :

> Fuyez de ces auteurs l'abondance stérile,
> Et ne vous chargez point d'un détail inutile.
> Tout ce qu'on dit de trop est fade et rebutant ;
> L'esprit rassasié le rejette à l'instant.
> Qui ne sait se borner ne sut jamais écrire [1].

C'est en nous souvenant de ce passage de Boileau que
nous avons aussi regretté, dans le cours de l'ouvrage de
M. le chanoine Truchet, certains détails minutieux ou pro-
lixes et tout à fait inutiles à l'intelligence du sujet.

D'un autre côté, — ceci est plus grave, — l'auteur
s'abandonne parfois trop volontiers à l'humeur belliqueuse

[1] BOILEAU, *Art poétique*, chant 1er.

que nous avons déjà signalée dans la biographie du P. Chérubin. En plusieurs endroits, on rencontre certaines réflexions humoristiques, agressives même, qui peuvent être de mise dans un journal, mais qui malheureusement nuisent ici à la sereine gravité exigée par la nature et le but du livre. Cicéron faisait déjà cette recommandation de son temps : *Sine hâc judiciali asperitate et sine sententiarum forensium aculeis.* Qui se souviendra, par exemple, dans dix ans, dans vingt ans tout au plus, du *savant important* que M. le chanoine Truchet prend à partie ? Assurément, ces indignations, qui peuvent à la rigueur s'expliquer aujourd'hui, le lecteur les négligera ou ne les comprendra pas dans l'ouvrage où il recherchera plutôt l'histoire de son pays et de ses ancêtres.

Enfin, nous ferons observer que le style de l'auteur du manuscrit sur *Saint-Jean de Maurienne au XVI⁰ siècle*, généralement bon et clair, manque cependant çà et là de correction, de limpidité et d'élévation. Ici, se sont des tours archaïques, là des locutions risquées, ailleurs des offenses à l'harmonie et au nombre, qui ne sauraient nullement prétendre à faire partie des charmes de la langue française du grand siècle. Un écrivain, quelqu'il soit, poëte ou prosateur, ne doit jamais oublier cet autre précepte de Boileau :

> « Surtout qu'en vos écrits la langue révérée
> Dans vos plus grands excès vous soit toujours sacrée[1]. »

En ce qui concerne spécialement la composition historique, nous partageons le sentiment du législateur du parnasse français :

---

[1] BOILEAU, *Art poétique*, chant I⁰.

« J'aime mieux un ruisseau qui, sur la molle arène,
Dans un pré plein de fleurs lentement se promène,
Qu'un torrent débordé qui, d'un cours orageux,
Roule, plein de gravier, sur un terrain fangeux [1]. »

Tels sont, Messieurs, le six ouvrages qui ont été présentés au tournoi littéraire quinquennal de 1885, le septième depuis sa fondation par le général comte de Mouxy de Loche. Dans aucune des joûtes semblables qui ont précédé, les combattants n'avaient été aussi nombreux et la vaillance plus grande. Ce double accroissement d'affluence et d'ardeur est à remarquer ; il prouve que les fastes de la vieille patrie savoyarde ressemblent à ces contrées aux paysages splendides, pleines de soleil et de produits de toutes sortes : plus elles sont explorées, plus elles offrent d'attraits nouveaux et plus elles suscitent de visiteurs. Entré hardiment dans la lice sous son pennon particulier, chacun des champions a brillamment lutté et donné ce spectacle glorieux que, si entre tous il y a un vainqueur, aucun n'est vaincu.

Les uns et les autres de ces ouvrages sont le fruit de longues et patientes recherches. Sauf les quelques imperfections que nous avons signalées, ils renferment un fond sérieux, instructif et attrayant. Ils intéressent également les savants et les esprits moins cultivés, les hommes qui aiment l'histoire et ceux qui s'appliquent aux lettres, l'artiste aussi bien que l'archéologue. Par ce que nous venons de vous en rapporter, vous avez pu juger de leur mérite intrinsèque et de leur valeur comparative. Néanmoins, pour se con-

[1] BOILEAU, *Art poétique*, chant 1er.

former à l'usage, votre commission croit devoir ajouter l'expression du sentiment qui a réuni ses suffrages sur ce dernier point.

A la vérité, parmi ces travaux, il en est deux qui, dès le début, lui ont paru revêtir un intérêt plus considérable, en ce qu'ils contenaient, non pas seulement des faits spéciaux, mais bien l'histoire générale, ou à peu près, de deux de nos principales provinces savoyardes. Toutefois, l'un deux, l'*Histoire de Thonon et du Chablais*, a le désavantage de venir après d'autres ouvrages qui ont déjà parlé des mêmes hommes et des mêmes choses, de ne donner des aperçus nouveaux que dans une mesure relativement restreinte et d'user parfois d'une forme littéraire défectueuse. L'autre, *Saint-Jean de Maurienne au XVIe siècle*, au contraire, est plus original et mieux composé. S'il a une certaine parenté avec le *Chambéry à la fin du XIVe siècle*, de M. Tim. Chapperon, ce n'est qu'une parenté de race ; il est neuf, présente des choses la plupart ignorées ou inédites, est en général écrit convenablement, et enfin répond excellemment au but fondamental de l'histoire, qui est d'élever en même temps que d'instruire les hommes.

En conséquence, nous vous proposons d'abord de décerner le prix de Loche à ce dernier ouvrage : *Saint-Jean de Maurienne au XVIe siècle*, par M. l'abbé Truchet ; ensuite, d'accorder sur les fonds de l'Académie, à titre d'encouragement, une médaille de deux cents francs à l'*Histoire de Thonon et du Chablais*, par M. l'abbé Piccard.

P. S. — Les conclusions du rapport qui précède ont été adoptées par l'Académie.

———

JMPRIMERIE CHATELAIN
4, Avenue du Champ-de-Mars, 4,
CHAMBÉRY

———

119.